田涯・著

這個世界還有愛嗎？

——那些才子佳人的愛恨情愁

帶你穿越時空，再次細賞湯顯祖、李煜、柳永、李商隱、上官婉兒、李清照、唐婉、納蘭性德、倉央嘉措等人的真摯情感

自序

田涯

這個世界還有愛嗎？一直一直以來我總是在思考這個問題。

這也是我一直想作為一本書名字，而今終於如我所想。這個書名字看似有點與書內容不搭邊，其實我是想透過陳述古代那些才子佳人的情感來審視現代人的情感。同時想借此讓我們作為參考，反視出我們心中的異同來。

其實愛與不愛或者說這個世界是否還存在愛，我想在每個人內心自有評定。

而在今天這樣一個看似恢宏綺麗的世界，太多太多的人都是帶著相似笑容，各自擁有不同的職業，用最簡潔的語言互通，甚至還會有太多太多的表面上相似點。然而內心深處都有著對感情的強烈需要，都期望著一份百分之百的純度愛情——不為世俗所束縛，執著而虔誠超脫現實的愛。那麼既然希望能夠得到，就得有所付出。

那麼試問還有多少人會不計結果的付出呢？

事實上於我來說，我並不知道什麼是愛，我只知道自己擁有愛的時候內心是最孤獨的。

或許愛只能撫慰孤獨，卻不能解脫孤獨。

周國平先生說：孤獨源於愛，無愛的人不會孤獨！我深深相信。

　　我以為愛應該分三種境界，亦如王國維在《人間詞話》中所引用的三句詞，來形容古往今來成大事業做大學問的人，必定要經過三種境界：

　　第一種境界，「昨夜西風凋碧樹，獨上高樓，望盡天涯路」。

　　第二種境界，「衣帶漸寬終不悔，為伊消得人憔悴」。

　　第三種境界，「眾裏尋他千百度，驀然回首，那人卻在，燈火闌珊處」。

　　當我開始動筆寫那些才子佳人故事的時候，總是會把自己糾纏不休地牽扯到故事裏，試圖穿越時光去感受她們的愛恨情愁。我不知道自己的筆是否會寫盡那些才子佳人的悲喜，而更多的時候我害怕自己的文筆太過草率，而無力寫就她們傳奇的人生。

　　然而生活於現在這個翻滾的塵世中，隨著生活的節奏加快，我們或許早已忘記這個塵世中曾經上演過一幕幕或憂傷或悲情的故事，在那些故事裏，或相愛，或別離，或傷痛，或悲愴。當我隨著筆觸穿越時光去追尋那一個又一個才子佳人的時候，我發現她們都是那樣的絕世而獨立。

　　太多太多的時候，我總希望她們如同這個世界上大多數平凡的人一樣，不要太過才高，能夠平淡地過完一生，求得人生的圓滿與幸福。

　　因為我深知：自古才高命不濟！

　　可是有什麼辦法呢，她們終究是她們，她們註定將不會平凡。倘若果真的平凡的話，這世間亦不會有那樣千轉百迴的故事，即便她們的生命短暫，她們依舊以一種絕然超脫世俗的方式走完一生。而我，亦不會有這個機遇去寫她們那跌宕起伏的一生。

　　千帆過盡皆為客！

　　那些才子佳人終究是走了，她們的愛恨情愁隨著時光的跳躍漸漸地被埋葬在滾滾塵世中，而依舊翻滾在塵世中的我們，除了心帶惆悵的歎息一聲，還能做什麼呢？

　　最後。我想我們應該感謝上蒼，是祂帶我們來到這個世間，默默地為我們鋪好了道路。路上所有的遇見，或困苦或傷害，都不過是在練就你的意志而已，讓你變得更加成熟，讓你變得足夠的強大，因而可以看見世間所有的愛。

　　而生命永遠只是一個過程而已，我們都沒必要逃避，也無法逃避，不管我們走多遠，愛你的人或者你愛的人總會在那個路口等著你。

　　泰戈爾：在遇到夢中人之前，上天也許會安排我們先遇到別的人；在我們終於遇見心儀的人時，便應當心存感激。

　　我想我們亦要謝謝那個曾經給過自己感情的人。是她（他）們讓我看見了更多事物的形態，讓我們體驗了愛是一種幸福，知曉傷害亦是一種成長的方式。

　　於此，我們都已經經歷過，於是，懂得了珍惜。

　　這些人，我們曾經愛過……
　　這些愛，我們曾擁有過……
　　這世界，我們曾經來過……

目次

曲終人散情未央

——漫説湯顯祖及《牡丹亭》

湯顯祖（1550-1616），字義仍，號海若、若士、清遠道人，江西臨川人，明代著名戲曲家。出身書香門第，為人耿直，敢於直言，一生不肯依附權貴，自幼刻苦攻讀，博覽群書，早年即有文名。因不肯依附宰相張居正，直至萬曆十一年（1583）才考取進士。任南京禮部主事時，上書批評時政，觸怒皇帝，被貶廣東徐聞縣典史，後遷浙江遂昌知縣。萬曆二十六年（1598 年）棄官。此後家居十八年，以文墨自娛。著有玉茗堂四夢，亦稱「臨川四夢」——《牡丹亭》、《紫釵記》、《邯鄲記》、《南柯記》。這四部作品中，湯顯祖最得意，影響最大的當數《牡丹亭》。

　　我不知道生命是否比死亡更偉大，但愛超越了這兩者⋯⋯宿命無可選擇，愛戰勝一切！

——題記

一

　　每個民族都有一種高雅精緻的表演藝術，深刻地表現出那個民族的精神與心聲，希臘人有悲劇，義大利有歌劇，俄國人有芭蕾，日本有能劇，德國有古典音樂，英國人有莎劇。他們對自己民族的「雅樂」都極端引以為傲。那麼我們中國人的「雅樂」是什麼呢？

這是我在記錄片《崑曲六百年》開篇中所聽到首段精彩的文字解說，那充滿磁性的解說音調吸引著我繼續看下去的慾望。

最終我知道讓中國人極端引以為傲的「雅樂」是崑曲。

它誕生於明朝嘉靖年間，至今已有六百年多歷史，被譽為世界戲劇的三大源頭之一，中國戲曲的「百戲之祖」。它又是如何形成的？為什麼說，中國人的音樂韻律、舞蹈精髓、文學詩性和心靈境界，真的盡在崑曲之中嗎？

事實上作為崑曲素有「中國戲曲之母」之雅稱，我國現有的主要地方劇種，幾乎無不受過崑劇藝術的影響。崑劇所展示的唱腔美、人物美、造型美、動作美、文字美、情節美，每每令人如癡如醉。也正因如此，崑曲藝術是我國第一個推薦並被載入聯合國教科文組織「人類口述與非物質遺產」名錄的藝術種類。

這足足證明了崑曲的魅力之深。

大約在明朝萬曆二十六年（1598 年），中國一個賦閒在家的落寞文人寫成了一部傳世經典愛情奇書，從而把崑曲推向了巔峰，它的出現標誌著中國古典戲劇一個重大的里程碑，它是那樣的絢爛，足與莎翁《羅密歐與茱麗葉》中西遙相輝映。這就是「崑曲之母」的《牡丹亭》；與此同時他還給愛情取了一個震耳欲聾的名字，叫做「穿越生死之情」。這個傳奇人物就是─湯顯祖。

而到近代以來，透過《牡丹亭》在西方的表演傳播，已造成國際盛況。那麼，是什麼原因造成《牡丹亭》從最開始產生以來一直到現在依舊如此跨時跨代的轟動奇蹟呢？也得到更多的跨國跨文化的專寵殊榮？《牡丹亭》的魔力究竟在哪裡呢？

　　或許在湯顯祖的《牡丹亭‧題詞》中關於「情至」的解說文字之中可以找到：

> 　　天下女子有情，寧有如杜麗娘者乎！夢其人即病，病即彌連，至手畫形容，傳於世而後死。死三年矣，復能溟莫中求得其所夢者而生。如麗娘者，乃可謂之有情人耳。情不知所起，一往而深，生者可以死，死可以生。生而不可與死，死而不可復生者，皆非情之至也。……第云理之所必無，安知情之所必有耶！

　　天下寫情者太多太多，已是數不勝數了，然而有幾個能像湯顯祖這樣把愛情發揮到極致，讓一段愛情流傳千古呢？皆因沒有參透情為何物。這讓我想起來了詩人元好問寫的那一句詩：問世間、情是何物，直教人生死相許？我想這大概是對《牡丹亭》的魔力最好的詮釋吧！

　　隨著時光不斷地流逝，那些纏綿癡怨的才子佳人的古典愛情早已塵封進歷史的古冊之中，她們伴隨著時光飛逝離我們漸行漸遠。今天的我們可以說是早已遠離了那樣一個古典時代，事實上是早已失去了古代人的那種悲憫情懷和從容的心境。

　　然而直至某天劇院上演著湯顯祖絮絮叨叨地重述那段穿越生死之情的愛情故事，才恍惚醒悟過來：原來人類曾經有過這樣如夢如幻的古典愛情。

　　是啊！人類曾經真的就出現過這樣的古典愛情。而今天的我們呢？是否也夢幻著去經歷那種古典愛情的深情之美呢？

　　其實我一直在想，是什麼樣的生活歷練讓湯顯祖寫就這部傳世的經典作品，又是怎樣刻骨銘心的情感煎熬，使得他達到「情不知所起，一往而深，讓生者可以死，死者可以生」的境界。

二

湯顯祖，字義仍，號海若、若士，又號清遠道人，明世宗嘉靖二十九年八月十四日卯時，也就是西元 1550 年 9 月 24 日凌晨 5 點左右，在江西省撫州府臨川縣城東的文昌裏的一戶書香門第之家，隨著一陣清脆的嬰兒哭聲劃破了黎明前的安靜，湯顯祖就此來到了這個世界，開始了他一生的征程。

湯氏家族在當地雖然算不上什麼名門大族，但也還算是富有的家族。據史記載，成化二年（1466）湯顯祖的高祖湯峻明曾因捐糧救災，而受到朝廷賜賞八品冠帶。家裏還藏書多達四萬多卷。不過非常有趣的是從高祖湯峻明一直到湯顯祖的父親，四代都是秀才，在當地頗有點名氣，只是到最後都沒有登上仕途之路。

而湯顯祖就是在這樣文化濃厚的家庭環境裏成長，在湯氏家族這四萬多卷書當中可以說是各種各樣的書應有盡有，幼小的湯顯祖不但天資聰明，而且特別刻苦好學，由於從小受到家庭的薰陶，五歲便入私塾開始熟讀四書五經，其中家裏所藏各種雜劇都有上千種，早已被湯顯祖熟讀遍了，加上受到祖父和父親以及長輩的影響，從小便對戲劇藝術情有獨鍾，甚至到了一種癡迷的地步，這為日後湯顯祖成為一代著名的戲劇家似乎早已做好了鋪墊。

在 1550 年，湯顯祖出生時期，大明王朝建國已經走過了 182 年的漫長歷程，而此時的大明王朝再也沒有洪武永樂時期的盛世之景。湯顯祖生活的時代表面上看似如此地繁華，其實早已是危機四伏，到處彌漫著硝煙的味道。

　　早在湯顯祖出生後的第四天，韃靼部俺答汗率軍長驅直入北京城下，直到八日後再解嚴。而此時的嘉靖皇帝卻對朝政不聞不問，一心只求長生不老，並給自己加上長達三十五字的「太上大羅天仙紫極長生聖智昭靈統三元證應玉虛總掌五雷大真人玄都境萬壽帝君」的道號，當時掌權的宰相嚴嵩並不是急於處理國家的各種政務，反而成天揣測皇帝的心思並為其撰寫祈禱文章。這樣以來導致政治腐敗是何其的嚴重，使得內憂外患的大明王朝加速農民起義的爆發和滅亡。

　　從某個角度來說大明王朝其實是一個特別悲劇的時代，對此觀點旅美華裔學者黃仁宇有很生動而詳細的描寫，在他作品《萬曆十五年》中這樣寫道：

> 　　當一個人口眾多的國家，各人行動全憑儒家簡單粗淺而又無法固定的原則限制，而法律又缺乏創造性，則其社會發展的程度，必然受到限制。即使是宗旨善良，也不能補助技術之不及。1587 年，是為萬曆十五年，歲次丁亥，表面上似乎是四海昇平，無事可記，實際上我們的大明帝國卻已經走到了它發展的盡頭。在這個時候，皇帝的勵精圖治或者宴安耽樂，首輔的獨裁或者調和，高級將領的富於創造或者習於苟安，文官的廉潔奉公或者貪污舞弊，思想家的極端進步或者絕對保守，最後的結果，都是無分善惡，統統不能在事業上取得有益的發展，有的身敗，有的名裂，還有的人則身敗兼名裂。

　　湯顯祖一生經歷了嘉靖朝十七年，隆慶朝六年，萬曆朝四十三年。到他 1616 年離開這個世界的時候，距大明王朝滅亡只有二十

九年，就是這一年清太祖愛新覺羅努爾哈赤登上了王位，從此大清王朝就誕生了。

　　作為湯顯祖出生在一個知識份子的家庭中，而且幾代人從來都沒有中舉過，所以父輩迫切的希望子孫登科及第，也能好好光耀門楣。父母給他取名為顯祖大概就有這種寓意。而作為古代的富家子弟或者官宦之家子弟都是透過讀聖賢書，然後參加科舉入仕途，最後能夠光宗耀祖。湯顯祖也不例外，他的人生規劃和成長過程亦是如此。

　　嘉靖四十二年（1563），十四歲的湯顯祖入補臨川縣學為諸生。在古代的科舉制度的最低的學銜都統統稱作為諸生或者生員，當然更多的通俗說法就是人們常常所說的秀才。

　　一般來說學生未進學被稱之為童生，進學之後才正式為學生即諸生。必須通過嚴格的考試才取得諸生資格。而憑藉湯氏家族在當地的名望，便享有著接待來往官員的榮譽。儘管接待官員什麼的需要破費，但對於古代那種攀結社會似乎是一種很光榮的事情。作為諸生的湯顯祖曾被引進參見主考官，一般在這種場合下，父母都會讓自己的孩子充分展現其才華，希望自己的孩子得到別人的讚許。主考官隨即指書案為題，湯顯祖不假思索地就隨口而出：「形而上者謂之道，形而下者謂之器」。主考官當場大加誇讚他將來一定會以文章而聞名於世。

　　我想這一切都離不開湯氏家族濃厚的文化薰陶，更多的是來自父輩精心的培育，才使得湯顯祖如此地才智過人。在湯顯祖進學前後，他的父親便開始在當地到處物色名師，其中徐良傅和羅汝芳兩位恩師可以說是影響了湯顯祖整整一生。

　　徐良傅（約 1506-1565）字子弼，湯顯祖常常稱之為子拂先生。臨川鄰縣東鄉人，嘉靖十七年（1538）中進士。曾任江蘇武進縣令，

後官至吏科給事中。出仕八年後因得罪首輔夏言而被革職為平民，革職之後靠教授人養家糊口，可見他是落魄到何等地步。而湯顯祖是徐良傅生命中最後幾年的關門弟子，他不像一般的老學究那樣迂腐，他把自己畢生精研的《尚書》毫不保留地都傳授給了湯顯祖。可以說湯顯祖以後的仕途之路有受惠於徐良傅博大而精湛的學問和詩人的氣質。

湯顯祖的另一位恩師便是當時泰州學派大師──羅汝芳（1515-1588），字惟德，號近溪，江西南城人。嘉靖三十二年（1553）進士，知太湖縣，擢刑部主事，後遷雲南副使，轉參政。著有《近溪子文集》、《近溪子明道錄》等哲學、禪宗著作。羅汝芳的激進思想和勇於堅持真理的人格魅力，對於湯顯祖的人生觀起到了重要的影響。

為了實現自己的人生理想，湯顯祖在這一時期可謂是博覽群書，除了《四書》、《五經》諸子百家之外，還開始讀楚騷漢賦以及魏晉朝文學等等，如此廣泛的知識積累以及兩位恩師前後精心的栽培，為湯顯祖日後的考取科舉奠定了堅厚的基礎。

羅汝芳一生走遍大江南北，所到之處無不受弟子愛戴。隆慶二年（1568），他的恩師顏鈞因為得罪當權者而進了監獄，羅汝芳得知消息後，不惜變賣家產，用盡一切辦法去救援恩師出獄。而因此給了內閣大學士張居正機會，暗中張居正唆使給事中周良寅彈劾羅汝芳「事畢不行，潛往京師，搖撼朝廷，夾亂名實」，最後羅汝芳被罷官。萬曆十六年（1588），羅汝芳以七十四壽齡病卒。湯顯祖痛哭哀悼：「夫子在而世若忻生，夫子亡而世若蕉沒。」由此可見羅汝芳在湯顯祖心中的地位，儘管湯顯祖受學於羅汝芳的時間並不算長，但他的哲學思想深深啟迪著湯顯祖。

　　湯顯祖在二十一歲的那年開始了自己的人生征途——參加鄉試，終於以第八名中上舉人，一時間名聲大震。然而這僅僅只是他人生的一個小小開始，一切的曲折和艱辛還在後面。

　　隆慶五年（1571）和萬曆二年（1574），湯顯祖先後兩次赴京會試，均以落榜而告終。儘管如此，湯顯祖並沒有氣餒，反而是越挫越勇，他對自己的前途依舊充滿著信心。於萬曆五年（1577），此時已有二十八歲的湯顯祖第三次赴京參加應試，然而蒼天似乎在玩弄著他一樣，他依舊是落榜了。

　　事實上，以湯顯祖的功底無論如何也不可能三次應試三次落榜，可是在那樣一個政治黑暗的朝代，並不是有真才實學就可以的。很多時候取決於那些當權者為了自己的利益。不幸的是湯顯祖成了當權者撈取利益的犧牲品。

　　這一年，湯顯祖和同窗好友沈懋學一起赴京應試，當時的宰相張居正為安排自己的兒子及第，企圖物色海內名士作為陪襯從而隱瞞自己的私慾，同時也想利用這個機會把一些青年才俊網羅在自己手中，以便鞏固自己的政治地位。這樣以來可以顯示他禮賢下士，同時陪襯的人真實才學可以間接地顯示了自己的兒子也是有真才實學，讓天下名士無話可說。我們不能不說張居正的政治手腕高明。

　　此次張居正所要羅致的對象便是青年中才華出眾的江西湯顯祖和安徽的沈懋學。而湯顯祖並不在乎這種所謂的關係，或許他受了兩位恩師深深地影響吧，始終保持著對真理獨立的品格。按照一般人覺得這是個千載難逢的捷徑，可他相反鄙棄這種結納權勢而博取功名不光彩行為，最終拒絕了張居正的網羅。

其結果誰都可以想像得出。由於沈懋學終於妥協了，最後與張居正的次子嗣修同及第，沈氏為狀元，嗣修為榜眼，而湯顯祖又一次落榜了。

有時候我總在想，文人終究是文人，很多時候總是不懂適當地妥協，從而再在適當的時候實現自己的理想或許要容易些，或許在他們的概念裏要是妥協了就不能稱上文人吧！所以一生走的路總是那樣的曲折而艱辛，最終或許走出一條光明之路。可縱觀古往今來，有多少文人能夠走出來呢？而我們所看到的最多的是以悲劇而告終。

我實在有點佩服湯顯祖的精神，經過三次落榜依舊是那樣的鬥氣昂揚，於萬曆八年（1580），他第四次滿懷激情地前往北京參加春試。只是他運氣實在太糟糕了，他又一次與首相張居正狹路相逢了，可張居正終究是個有野心的政治家，為了顯示自己的度量和誠意，讓自己的兒子懋修一再屈駕去湯顯祖的旅店探望，實際上還是想把湯顯祖網羅到自己的圈子中，可湯顯祖卻避而不見。據鄒迪光《湯顯祖傳》，後來張居正動員自己的同鄉和親信都院左副都御史王篆從中斡旋，並以鼎甲相許，這一次湯顯祖依舊是拒絕了。並說了句：

> 吾不敢從處女子失身也！

這意思是說，一個人透過不正當手段取得功名，如同處女輕易玷污自己的貞節。所以湯顯祖毫不猶豫地就拒絕了，從而顯出了他那高亮的人格。當然他也這次科考又沒有任何希望，所以沒有參加考試就提前回到老家去了。

　　而張居正的兒子懋修及第，由於當時人們懾於張居正的權勢，面對這種事情都不敢正面議論，有人便匿名寫了一首打油詩嘲笑張居正這種卑鄙行徑：

> 狀元榜眼皆姓張，未必文星照楚邦。
> 若是相公堅不去，六郎還作探花郎。

　　從隆慶五年（1571）到現在為止，湯顯祖所走的科舉之路已經有十年之久，他四次應試而落榜，可以說對他來說是個沉重的打擊。

　　而致使他無法走上仕途實現自己的政治理想與當時大明王朝政治腐化息息相關，在湯顯祖讀書求仕時期恰恰是張居正獨攬朝政時期。

　　張居正（1525-1582）是明代後期的著名政治家，他在隆慶元年（1567）以吏部左侍郎兼東閣大學士進入內閣，成為輔臣之一。五年之後神宗朱翊鈞少年即位，他正式被任命為首相，從此便掌握著國家大權，成為實際的政治獨裁者，直到他逝世為止。

　　張居正是一個非常出色的政治家，這一點誰都不可否認，在他執政的十年間，做出了很多改革，改進稅制，興修水利，整頓軍務，抗禦外敵，都作出了積極的貢獻。所有公正史學家都得承認他是一代名相。

　　當然湯顯祖對張居正的評價也是很公道的。他前後比較了嘉靖隆慶萬曆以來的首相，充分地肯定了張居正所做出的成就。湯顯祖這樣寫道：

> 凡所以為天下者，剛柔而已。華亭徐公以柔情承肅祖之威而事治；江陵張公以剛扶沖聖之哲，而事亦不可謂不治也。

　　而湯顯祖和張居正之間真正的矛盾在於張居正的個人私欲太過重，這為所湯顯祖鄙棄。實際上湯顯祖反抗是當時封建專政制度的腐敗風氣，並不是完全針對張居正個人。

　　可以說自從湯顯祖開始求仕之路起，他耳聞目睹了朝廷內專政攬權、黨羽伐爭、黑白顛倒的現象，這對他的政治理想來說是致命的打擊。

　　直到萬曆十年（1582），張居正逝世的次年，也就是萬曆十一年（1583），湯顯祖參加第五次會試，以第三甲第二百十一名賜同進士出身，這時候的湯顯祖已經三十四歲了。

　　也這就是在這一年，萬曆皇帝派重兵查抄了張家，按照萬曆皇帝等人的猜想，張家肯定藏有大量的財物，沒想到查抄的結果卻大大出乎意料。欽差大臣想當然地認為查抄數目遠遠不符合實際，便對張居正長子張敬修進行嚴刑逼供。最後張敬修在獄中被迫自殺身亡。

　　在張家被抄四個月後，朝廷公佈了張居正的罪狀，大意是誣衊親藩、侵奪王墳府第、鉗制言官、專權亂政等等。本當剖棺戮戶，僅僅是念其多年效勞，萬曆帝才加恩寬宥。張居正的弟弟和兩個兒子，被送到煙瘴之地充軍，而對其老母則額外加恩，允許以空宅一所和田地一千畝予以贍養，以體現浩蕩皇恩。

　　一代名相最終卻落得如此結局。有時候想想不免感到心寒。

　　而按照明朝官場習氣，一般新進士都要拜考官或者宰相等一些權臣為師，作為自己仕途之援助，首相張四維和次相申時行的兒子是湯顯祖同年進士，他們同樣想結納湯顯祖，答應可以給湯顯祖在翰林院安全職位，但湯顯祖還是委婉地謝絕了。寧願到冷衙門做一名見習官。

終於在萬曆十二年（1584），三十五歲的湯顯祖總算結束了一年的觀政生涯。他以正七品被授以南京太常寺博士。博士這個職位就掌管祭祀禮樂以及書籍典守，很少有什麼公務可辦，說白了也就是沒有什麼實權，不過是個空架子，基本上就是閒官而已。

自任南京太常博士至南京禮部祭祀司主事前後就是六年之久，雖然說是遠離了複雜的政治中心，但他踏上的是一條艱難坎坷的仕途之路。

由於湯顯祖的官職是閒職，所以他經常是閉門不出，在萬卷書中尋找自己的精神家園。表面看似他已經遠離了政治，事實上這期間也是他內心最矛盾最激烈一個時期，自己的人生理想無法實施，面對朝廷的政治腐化，使得他坐立不安，急欲尋找機會施展自己的抱負。

終於在萬曆十九年，即西元 1591 年 2 月 20 日傍晚，彗星出現在西北天際，運行在胃、室、壁諸星座間。閏三月初一晚才在婁宿附近消失。當時封建迷信的天人感應說把不常見的星象看作是上天的警告，認為這是大不吉。於是緊接著閏三月十二日，萬曆皇帝頒下敕令要求群臣修德反省。兩天之後，又下令六科十三道的言官：「天垂星示，群奸不道。汝等職司言責，何無一喙之忠以免辱曠之罪？至於長奸釀亂，而旁觀避禍，無斥奸去逆之忠，職任何在？本都該拿問重治，姑且從輕，各罰俸一年。」

湯顯祖總算是等到了機會了，他於閏三月二十五日接到朝中邸報，便開始思索草擬〈論輔臣科臣疏〉。其實此事與他本無關。但他對於神宗壓制正當言論而偏袒劣跡昭彰的輔臣申時行和貪贓枉法的楊文舉、胡汝寧的顛倒黑白非常不滿，於是毫不猶豫地就列舉他們的種種罪行。

奏摺在月底就遞送到神宗手上，疏文內容十分尖銳，其矛頭直指輔臣申時行，間接地也在譴責神宗的無能。

總而言之，輔臣專政，順之者昌，逆之者亡。自萬曆以來，「前十年之政，張居正剛而有欲，以群私人囂然壞之；後十年之政，時行柔而有欲，以群私人靡然壞之。」這就是湯顯祖對當前政治的評判。

可以說湯顯祖的〈論輔臣科臣疏〉如同一顆炸彈把朝廷炸開了花，令神宗極為惱火，一氣之下想找個理由殺了湯顯祖，可湯顯祖此疏都是論據確鑿無疑，面對各種壓力，權衡再三，神宗索性把此疏留中不發。隨後神宗便：「湯顯祖以南部為散局，不遂己志，敢假借國事，攻擊元輔。本當重究，故從輕處了。」就這樣湯顯祖被貶官到廣東雷州半島南端徐聞縣做典史。事情就這樣了結了。

儘管湯顯祖由此受了處分，可正因為他此疏，卻以著名政治家被載入史冊而不朽。或許蒼天對人總是公平的，湯顯祖由於〈論輔臣科臣疏〉而改變自己的人生軌跡，做了一個政治上的失敗者，可不小心造就了一個流傳百世的戲劇文學大師。

三

湯顯祖由於〈論輔臣科臣疏〉而導致貶官至徐聞，他於萬曆十九年（1591）五月十六日從南京啟程，溯長江先回老家臨川。回到老家後在家待了一些時間，於九月處從臨川城南瑤湖登船，開始了南貶徐聞的百日里程。他經過從姑山的時候便想起了自己的恩師，曾經少年時代在此求學，現在故地重遊，恩師卻已故，而自己的前途卻是如此渺茫，想起自己曾經的雄心壯志，內心充滿悲歡。隨即有感而發寫了〈入粵過別從姑諸友〉一詩表達自己內心此時的心境：

祠郎杯酒憶京華，夜半釣簾看雪花。
世上沉浮何足問，座中生死一長嗟。
山川好滯周南客，蘭菊偏傷楚客家。
欲過麻源問清淺，還從勾漏訪丹砂。

事實上，與其說湯顯祖貶官趕路，倒不如說他到處遊山玩水。他在贛州鬱孤台和送行的知府黃鐘梅話別，過嶺後在保昌上船，順湞水、北江而下，經過始興韶關曲江到曹溪。自從入廣東境以來，他到過東莞並暢遊羅浮，南國的山川風光，激起了他對大好江山的無限的熱愛之情，自貶官以來憂鬱心情也開始慢慢開朗舒暢了。

湯顯祖在遊覽了闊大無邊的南國風光之後，最後才回到徐聞縣的衙門任職。他所任的職位屬於管理緝捕監獄之類的職務，事實上並無多少公務，何況他還是個編外的「添注」。而知縣熊敏是江西新昌人，事先就有友人寫信關照他，再加上湯顯祖名氣遠揚，所以對他很是客氣，特意把他安排在後來改成貴生書院的單獨房子。湯顯祖在〈於汪雲陽〉信中說：「弟為雷州徐聞尉，判府司道諸公計為一室以居弟，則貴生書院是也。其地人輕生，不知禮義，弟故以貴生名之。」

由於當地一些青年士子都十分仰慕湯顯祖才氣，紛紛前來登門求教，於是在知縣的幫助下，便在當地建立了貴生書院，開始傳遞自己的文化理想。

有意思的是，湯顯祖到徐聞不久，卻碰巧遇見了在此充軍的張居正次子張嗣修，兩人握手話淒涼，難言衷腸。他們當年同場會試分別到現在已是十四有餘，十四年的時間卻各自經歷了一段無比尋

常的生活，同是天涯淪落人，世事是這樣的變幻莫測，此時我不知道他們見面內心交雜著怎樣的苦痛。

在徐聞待了半年的時間，朝廷便調湯顯祖升任浙江遂昌縣縣令，這個職務表面看似升職了，但並非官復原職。

離開徐聞之後，湯顯祖回老家臨川稍作休息就馬不停蹄地趕往浙江遂昌，於三月十八日到達州府遂昌。當他到達之後才知道這個遂昌縣四周高峰環繞，只見山嶺重重疊疊，幾百人順溪而聚居，這就是所謂的浙江遂昌縣城。

其實，遂昌地處浙江西南地區，交通極其不方便，地少田薄，賦寡民稀，盜賊猖狂。面對這樣的艱苦環境，湯顯祖並沒有因此而喪氣，他依舊滿懷政治熱情，積極施行「仁政惠民」的治理方針，希望透過治理這個看似不起眼的小縣，從而實現自己的政治理想。

湯顯祖到達後的第三天便去拜謁孔廟，同時瞭解當地的教育設施，當得知全縣唯一的縣學講堂破落，立即實施一系列的方案重修學堂，大力興辦教育，希望透過這個手段改變人們落後的思想觀念。他在遂昌也非常重視發展生產，每年春天，他都會親自率眾預備花酒，帶了春鞭，下鄉勸農。所以在後來他的代表作《牡丹亭》第八齣〈勸農〉中，描寫南安太守杜寶下鄉勸農的歡樂的場景，正是他在遂昌真實的生活寫照。

在湯顯祖剛剛到遂昌的時候，地方並不怎麼安定。由於遂昌地處山區，自宋朝開始就有礦產開採，所以外地來此採礦的人就比較多，其中就有一些不法分子就勾結當地無賴，經常擾亂社會治安，湯顯祖鑑於這種惡劣的現象，於是便著手嚴厲整治，此舉震驚了所有的不法分子，從此社會治安開始逐漸走向安定。

　　湯顯祖在遂昌這一待就是五年之久，雖然他在遂昌的政績卓著，但一直未得到升遷。而此時昏庸的神宗，由於連年對外用兵，以及大肆建造宮殿，造成國庫匱乏，於是便派遣太監趕赴各地大興礦稅，搜刮民脂民膏，湯顯祖目睹著這一切，內心感到深深地失望。他看著大明王朝已經無藥可救了。

　　在他治理遂昌期間，他關心人民疾苦，壓制豪強，可以說這些局部的改革是很成功的，他相信用這種手段可以慢慢地去醫治整個大明王朝的痼疾。然而事與願違，他雖然在遂昌政績斐然，但得到的是上級的排擠和地方勢力的阻攔。現實的一切堵塞他施展個人的政治抱負。

　　於萬曆二十六年（1898）春天，湯顯祖赴京上計回遂昌之後，並未回到縣衙，而是獨自在遂昌北門外的一個禪堂住了數日，內心一直在不斷地掙扎，這無疑是湯顯祖思想上一次重大的轉折。他眼見著大明王朝已經是窮途末路了，靠自己一個人的政治抱負是不可能改變那個將要墜落的王朝，最後湯顯祖帶著沉沉地傷痛回到了自己的故鄉臨川。時於萬曆二十六年（1898）三月，此時的湯顯祖已經四十九歲了。

　　湯顯祖在遂昌棄官回到臨川的第三年，朝廷以「浮躁」之名，將他正式免職。其實朝廷這樣做，不過是顧及自己的顏面，給自己找一個合適的臺階下而已。而此時的湯顯祖從文昌里舊宅移居臨川城內沙井玉茗堂新居，從此便在這裏專門從事文學創作，他將自己的新居取名為「玉茗堂」，顯示是借玉茗自喻，以表示自己不屑與世俗同流合污，唯願自己像玉茗一樣高潔。

　　湯顯祖的晚年，真正開始於萬曆二十九年（1601）他正式罷職閒住算起。此時的他仕途之路已經斷絕。他以繭翁自號，一直在家閉門謝客，也從不外出，即便出去最遠也就是省城南昌。

也正是在這玉茗堂裏，他寫了流傳千古的《玉茗堂四夢》，亦稱「臨川四夢」——《牡丹亭》、《紫釵記》、《邯鄲記》、《南柯記》。這四部作品中，湯顯祖最得意，影響最大的當數《牡丹亭》。

而對《牡丹亭》，湯顯祖本人可以說是十分滿意的，他自謂：「一生四夢，得意處惟在牡丹。」這部經典之作創作於萬曆二十六年（1598），是湯顯祖棄官回臨川後立刻著手寫成的，回顧自己多年來所看到的殘酷現實，以及對社稷的憂心，還有自己不幸遭遇和未能實現的政治抱負，想到這些他內心的情感猶如火山一樣噴發而出。而在這三年前，即萬曆二十三年（1595），西方的莎士比亞也寫就了不朽的劇作《羅密歐與茱麗葉》。

《牡丹亭》顯示是湯顯祖在玉茗堂嘔心瀝血的劇作，他在創作中把自己所有的感情和心思全部投入進去了，從而把全劇的夢境燃成煙花般絢爛。

《牡丹亭》全名為《牡丹亭還魂記》，即《還魂記》，也稱《還魂夢》或《牡丹亭夢》，傳奇劇本，二卷，五十五齣，據明人小說《杜麗娘慕色還魂》而成。其故事梗概如下：

> 杜麗娘是南安太守杜寶之女，她私自遊玩自家花園，在夢中和書生柳夢梅幽會，從此懷想成病，並且一病不起。彌留之際她要求丫鬟春香將自畫像殉葬。就在這個時候杜寶升官離任，嶺南書生柳夢梅路經梅花觀，拾到畫像，便和杜麗娘的幽魂成就好事。杜麗娘死而復生，自作主張和柳夢梅成婚。杜寶升任安撫使，鎮守揚州，被降附金人的李全軍所圍困。陳最良原是杜麗娘的私塾老師，他發現杜麗娘的墓被盜，柳夢梅又不告而別，就往揚州報信。柳夢梅參加進士考

17

試，因金人入擾，延誤放榜。他受杜麗娘之託，到岳父那裏通告女兒回生之喜。柳夢梅以盜墓之罪被扣押並受拷打。此時考試揭榜，柳夢梅高中狀元。杜寶還朝。官居宰輔，以為事涉妖妄，拒絕和女婿女兒相認。竟皇帝出面調停，才得以大團圓。

《牡丹亭》可以說是一部充滿著生死夢幻奇情異彩的浪漫主義作品，湯顯祖在劇中讓主人公為了愛情，出生入死，然而除了濃厚浪漫主義色彩之外，更重要的是賦予了愛情能戰勝一切，超越生死的巨大力量。

自《牡丹亭》出來之後，人們被劇中的主人公對愛情執著的深情所深深地感動了。有記載當時有少女讀其劇作後深為感動，以至於「忿惋而死」，以及杭州有女伶演到「尋夢」一齣戲時感情激動，卒於臺上。

最為轟動的是當時婁江女子俞二娘，因酷愛《牡丹亭》，有感痛於劇中杜麗娘的遭遇，最後「憤惋而終」，年僅十七歲。湯顯祖聞知後，感慨萬分，他沒想到自己的作品感染了這麼多人，於是揮筆寫下了〈哭婁江女子〉的五言絕句：

> 畫燭搖金閣，真珠泣繡窗。
> 如何傷此曲，偏只在婁江？
> 何自為情死？悲傷必有神。
> 一時文字業，天下有心人。

還有名噪西湖的才女馮小青，也曾是《牡丹亭》最癡心的讀者。正當青春妙齡的她讀完《牡丹亭》之後就含恨而逝，後來有人在她的遺稿中發現了一首讀《牡丹亭》的絕句：

冷雨幽窗不可聽，挑燈夜看牡丹亭。

人間亦有癡於我，豈獨傷心是小青！

從這首絕句詩中，我們依稀可以想像到：在一個冷雨斜打窗戶的深夜，那個孤獨的女子百般無奈地坐在孤燈之下，捧讀《牡丹亭》時候那種傷心欲痛的面容……

所以沈德符在《顧曲雜言》中這樣說：「《牡丹亭》一出，家傳戶誦，幾令《西廂》減價。」

四

縱橫古往今來天才的生活道路，他們命中註定是要遭受苦難的，他們都是在逆境中成長起來的天才作家，或忍受過貧窮的磨難，或遭受病痛的摧殘，或遭遇政治的迫害等等。但這些天才都敢於同命運抗爭，透過自身的努力拼搏最終達到成功的頂峰，因為一切鴻篇巨作都是要經過痛苦熔爐的冶煉。

湯顯祖又何嘗不是如此呢。

他的《玉茗堂四夢》始作於萬曆十五年（1587），終止於萬曆二十九年（1601），前後經歷十五年，然而這十五年也正是湯顯祖從南京任閒職到貶官徐聞，從治理遂昌到悲憤辭官，歷經宦海浮沉，嚐遍了人世間的辛酸。而《玉茗堂四夢》便是他以戲劇的形式表現自己對人性、生及其意義的思考。

而湯顯祖辭官隱居臨川的十八年裏，他一直過著清貧的生活，可他沒有因此而喪失人格操守，一直以高潔的玉茗自喻。

時值萬曆四十三年（1615），在湯顯祖逝世的前一年，他看到自己嘔心瀝血的作品在社會產生如此的影響，內心感到無限的欣

慰。此時的湯顯祖隱約地感覺到自己將接近生命的終端了。於是夜以繼日地整理自己所有的文章，以《玉茗堂文集》命名。託錢謙益作序。湯顯祖如釋重負地鬆了口氣。

不幸的是，這年十二月二十一日，他的八十五歲老母親吳氏病故，僅僅二十天，翌年正月十一日，父親湯尚賢繼而離去，終年八十八歲。

周國平先生說過，在這個世界無論你再多的親人，如果失去了父母，你就是一個徹底的孤兒。而此時的湯顯祖內心極度悲痛大概只有他本人知道，他只能獨自承受。

然而當湯顯祖在萬念俱灰之際，讓這個遲暮的老人感到一絲撫慰的是，這一年他的三兒在開遠終於中了舉人。

湯顯祖在自己生命最後的日子裏，回憶平生之餘以及師友，感到自己的成就遠遠沒有到達他們的期望，於是深情寫一首〈負負吟〉：

> 少小逢先覺，平生與德鄰。
> 行年逾六六，疑是死陳人。

接著他又寫了〈訣世語〉五絕七首。湯顯祖不拘於世俗，他要求兒女在自己死後不要雇人助哭，也不必請和尚為自己超渡，只要念一些《心經》就足夠了。不要親友殺生祭獻，不要撰寫祭奠之類的詞章，棺木不必講究，合用就可以了，入土為安，不要因選擇吉地而推遲下葬。

萬曆四十四年（1616）六月十五日，湯顯祖在他彌留之際的前一天，對著家人吟出了自己生活歷程中的最後一首絕筆詩〈忽忽吟〉：

> 望七孤哀子，煢煢不如死。
> 含笑待堂房，班哀拂螻蟻。

翌日，萬曆四十四年六月十六日即西元 1616 年 7 月 29 日，一代天才戲劇家在玉茗堂溘然而逝，終年六十六歲。

或許是巧合或許是上帝故意這樣安排，這一年世界上同時失去了兩個天才戲劇作家，除了湯顯祖之外，還有西方的莎士比亞也離開了這個世界。

五

我以為，儘管湯顯祖離開這個世界已經將近四百年過去了，其實他一直還活著，因為他的經典之作《牡丹亭》深深地烙印在人們的心中並且一直延續到如今，他的靈魂因為《牡丹亭》的流傳而高貴，伴隨著時光穿越到今天依舊是那樣的絢爛。

時光回到四百年前，湯顯祖在歷經仕途坎坷，於是棄官回到老家臨川揮筆而寫，終於鑄成一部流傳千古的驚世之作《牡丹亭》，從而上演了一場經典的浪漫愛情故事。四百年後的今天，這部幾經沉浮古老的經典戲劇作品卻開始在國際舞臺上重生。

於 2004 年 4 月底由華文作家白先勇策劃製作的青春版《牡丹亭》在臺北首演以來，短暫的三年時間在兩岸三地各個高校已上演超過百餘場，吸引了大批從未看過傳統戲劇的年輕觀眾，一時間紅遍大江南北。

青春版《牡丹亭》是將原著五十五齣撮其精華，按照白先勇先生的說法是儘量保留原著完整性，所以刪減成總共二十八齣，分三天連台演出完。全場演出分上、中、下三本即夢中情、人鬼情、人間情。全劇演出採用現代化舞臺的視覺效果，並且還遵從了戲劇婉約綺麗的古典風格，無論在配樂、腔調、服裝、燈光、舞蹈造型以及書法繪畫等一切藝術形式上都做了全新的追索，使得原本慢節奏

的崑曲從古典的高雅走向青春現代化，讓這個古老的藝術經典以超越時空的斷層和文化的隔閡突然變得是那樣的親切而雅致，充滿著青春的喜悅，讓我們為之傾倒。

誰都不想到中國的傳統的戲劇竟然在大學校園引起如此轟動，我想這大概只有青春版《牡丹亭》才可以做到的。曾經有一位北大學生在百年紀念堂看完青春版《牡丹亭》在論壇上這樣寫到：「現在世界上只有兩種人，一種是看過青春版《牡丹亭》，另一種是沒有看過的。」顯然青春版《牡丹亭》在大學校園裏已經成為了一種文化時尚了。

2008 年我有幸看到了青春版《牡丹亭》現場演出，偌大的禮堂被擠得水洩不通，都是一張張帶著好奇而喜悅的年輕面孔。現場舞臺的恢宏綺麗和華麗的服飾給人留下深刻的印象，內心不知不覺亢奮起來，演員是那樣的投入，在劇中盡情地演繹著愛情的歡樂悲喜，讓人有種分不出戲裏戲外了，似乎是在釋放著自己的喜怒哀樂。

儘管劇中所演繹的都是江浙一帶的吳儂軟語，唱腔圓潤婉轉，淒切纏綿，步伐輕盈，舞蹈是那樣的優美，一笑一顰中無不流露出青春的典雅。

也只有當你去了現場觀看，才知道那種深厚的文化底蘊在優美的唱腔之下演繹得是那樣的感動人，劇中的唱詞也是那樣的優美，猶如是一首首抒情詩，讓你沉醉其中無法自拔。我想去看過現場的人一定會有和我相同的感受：此生沒有白來這個世界走一糟，看過此劇不枉白活一場！

此生此世，我最大的夢想就是帶著自己心愛的女子去蘇州劇院看青春版《牡丹亭》，還要去北京皇家糧倉看廳堂版的《牡丹亭》。或許這就是我想要的幸福。如此簡單！

　　所以有人曾經說過：「來北京，你不能不去看崑曲，如果人的一生必須看一部戲劇的話，你唯一可以選擇的是《牡丹亭》」。這話後來還被《中國文化報》引用，作為對《牡丹亭》的評價最有說服力推崇語。

　　然而這出青春版《牡丹亭》最讓我沉迷的是開場的那段，那是一個充滿磁性的中年男子的獨吟：

> 忙處拋人閒處住。
> 百計思量，沒個為歡處。
> 白日消磨腸斷句，世間只有情難訴。
> 玉茗堂前朝復暮，紅燭迎人，俊得江山助。
> 但是相思莫相負，牡丹亭上三生路。

　　我的思緒隨著優美的唱詞返回到四百年前，我彷彿又看見一個落寞的文人坐在玉茗堂前，朝朝暮暮地思索著，似乎是要做一個重大的決定，那就是創作《牡丹亭》，希望透過自己思想的演繹，展現心中另一個美好世界，於是就有了：

> 情不知所起，一往而深，生者可以死，死可以生。生而不可與死，死而不可復生者，皆非情之至也。

　　寫得真好，可是在如今這樣一個人心浮躁的社會，有幾個人真正看懂呢？

　　我坐在黑暗的禮堂觀看席的中央，伴隨著一聲悠遠的鐘聲，那吟唱在廣闊的劇場中驀地響起，而後，這聲音悠悠迴盪在整個禮堂，沁人心骨，彷彿一下穿越時空把我們拉到那個古老久遠的大明王朝，令人恍然不知今是何夕，此身何所處。

也正在那一瞬好像忽然體悟到人生的蒼涼與無奈，莫名的悲涼不由從心中湧上心頭，忍不住就想落淚。

當整場戲曲終人散的時候，我依舊坐在觀眾席呆呆的望著空空的舞臺，內心依舊沉溺在那個夢境之中。

曲終人散情未央！

很久很久才走出禮堂，我想如果可以的話，一輩子都願意坐在裏面看盡悲歡離合，那該是多麼美好啊。禮堂出口的牆壁上貼著劇照，淡墨水彩的背景上，相愛的人兒相互依偎著，臉上蕩漾著甜蜜的笑意。看著他們，感受著幾百年前那一對才子佳人的幸福，漸漸的，那份甜蜜的笑容似乎也轉移到了我的臉頰上。

是的，戲曲中的浪漫，折射的不盡是塵世中芸芸眾生都渴求的幸福麼？那麼，還需要說什麼呢？就如《西廂記》裏紅娘說的那樣——惟願天下有情人，皆能終成眷屬！

問君能有幾多愁

——李煜

李煜（937-978），字重光，初名從嘉，號鍾隱。蓮峰居士。徐州（今屬江蘇）人，南唐元宗李璟第六子，宋建隆二年（961 年）繼位，史稱後主。開寶八年，國破降宋，俘至汴京，被封為右千牛衛上將軍、違命侯。後為宋太宗毒死。李煜在政治上雖庸駑無能，但其藝術才華卻非凡。李煜工書法，善繪畫，精音律，詩和文均有一定造詣，尤以詞的成就最高。

一

一直以來我總想寫點什麼，關於那個我最喜歡的詞人，而不是什麼帝王——李煜。

其實在寫這篇文章之前我看過許多關於他一生的評價，關於他的亡國、關於他的才氣、關於他的愛情。

然而對於我個人來說，我卻無法深刻而準確地表達出我的思想。不知道他到底是幸還是不幸。

事實上，作為一個君王，李煜毫無疑問是失敗的，亡國之君，斷送江山，這是他的悲哀；但他卻是一個偉大的詞人。

李煜在詞上的造詣，可以說前無古人，後無來者，當然這不過是我個人的觀點而已，對此我無意多說。

有時候聽鄧麗君唱的《獨上西樓》和《幾多愁》，感覺有種說不出的蒼涼和悲情；每每看到「問君能有幾多愁，恰似一江春水向東流」這個句子的時候，我總在想像著後主寫這首詞的時候內心是怎樣的無奈和傷痛。

繁華落盡，太多太多穿越世俗的感情，終究凝結了，凝結成了夢，一切都是那麼的如夢如幻。所有的一切如同他自己所說的那樣恰似一江春水向東流。

李煜始終是李煜。他傳奇的一生不知有多少人羨慕，甚至說是嫉妒。然而閱讀他的詞時內心總有種無法言說的情緒，即便是時光穿越到千年後的今天。

縱觀歷史，千百年來世人對李煜的詞所作的注釋評析解說可謂汗牛充棟，譽眾貶寡，特別是李煜入汴京淪為階下囚之後所作的詞，被世人所公認。他的對宋、元以來的婉約、豪放派詞的發展，起到了承前啟後的引導作用。以超越時空的獨特魅力引人矚目。

現代著名學者、文史學家顧頡剛，對李煜詞倍加讚賞，認為是用血淚寫成的，是中國文化寶庫裏最珍貴的遺產。史稱李白為詩仙，杜甫為詩聖，而李煜稱為詞魂，它是同曹雪芹的《紅樓夢》屈原的《離騷》而相匹的。

所以，有人稱之為詞宗，亦有人稱之為詞帝，我想李煜所得到的這些稱號絕對是當之無愧。

李煜的詞如同金庸的武俠小說一樣，凡有華人之處無人不知，都有傳誦「春花秋月何時了，往事知多少。」「問君能有幾多愁，恰似一江春水向東流。」

　　如果有人問我喜歡中國封建王朝中的哪一個朝代，我一定會說是宋朝，特別是北宋的那個年代，因為它是中國封建王朝中最民主的一個朝代，亦是知識份子地位最高的一個朝代。其中就有包拯拉著宋仁宗的衣服據理力爭，一定要答應他的主張才肯甘休的事情，我想這個事情在別的朝代是絕對沒有過的，即便是在唐朝的時候魏徵也沒敢對唐太宗這樣做。但北宋的歷史上卻有著一段屈辱的歷史。

　　我想這段歷史只要看過金庸的武俠小說《射雕英雄傳》的人都會記得，裏面主人公郭靖和楊康的名字就是由此而來的，這就是北宋末年的「靖康之恥」。而扮演這段歷史的角色正是宋徽宗趙佶。

　　喜歡宋詞的人如果留意的話，在《宋詞三百首》裏，其中就有宋徽宗趙佶所寫的詞放在開篇，我不知道編撰者這是故意還是純屬巧合。

　　每當我讀那些關於「靖康之恥」的史料，我總為之感到痛心。想想當今那麼多人在製造垃圾歷史電視劇，為什麼就沒人把「靖康之恥」這段屈辱的歷史拍出來，讓人們好好的重溫而學習呢？

　　倘若悲劇只發生一次，那也就罷了，可事實上並非如此，這樣的悲劇依舊在不斷地上演，只不過是演員不同而已。南宋的滅亡是一次，明朝的滅亡也是一次，晚清的歷史就更不用說了。想想這些我就感到寒心。

　　有人說，一個忘記恥辱的民族，是最危險的！我想這句真的很有道理。

　　其實我所說的這些不過是覺得宋徽宗趙佶和後主李煜有著相同的命運而已。

二

　　歷史上，許多君主文才絕高卻邦國不治，最終淪落為階下囚。其中有陳後主叔寶、後蜀主孟昶、南唐後主李煜及宋徽宗趙佶四人。陳後主「詩才甚高」，但只留下「景陽宮井又何人」的一段「亡國史」；孟昶只有一闋「洞仙歌」的兩句：「冰肌玉骨，自清涼無汗，」這還是經蘇軾補遺而得名；宋徽宗除了瘦金體書法與花鳥繪事可以傳世外，「詞壇紀事」雖稱他「天才甚高，詩文之外，尤工長短句」，但王國維把他與李後主相比，說〈燕山亭〉詞亦可略似之。

　　我們可以把他們的詞作比較：

宋徽宗〈燕山亭〉（北行見杏花）

　　裁剪冰綃，輕疊數重，淡著燕脂勻注。新樣靚妝，豔溢香融，羞殺蕊珠宮女。易得凋零，更多少、無情風雨。愁苦，問院落淒涼，幾番春暮？憑寄離恨重重，者雙燕何曾，會人言語？天遙地遠，萬水千山，知他故宮何處？怎不思量？除夢裏有時曾去。無據，和夢也新來不做。

李煜〈虞美人〉

　　春花秋月何時了，往事知多少！小樓昨夜又東風，故國不堪回首月明中。雕欄玉砌應猶在，只是朱顏改。問君能有幾多愁？恰似一江春水向東流。

　　李後主只在這寥寥五十六字中，道盡了亡國之痛故國之思念；雖然這首〈燕山亭〉詞，是徽宗在北上途中看到杏花而作，

28

曾被王國維稱為「血書」，道盡了由企盼而絕望的孤獨憂傷的心情，令人不忍卒讀。但給人的感覺卻有點平鋪直敘，了無高味，與李煜相比差之甚遠。他不但文才遠遜後主，就因果來說，他被金兵北俘，家亡國破，我想這大概是宋太祖以牽機毒藥謀害李後主所遭的報應吧！

然而宋徽宗趙佶與後主李煜的經歷在各種傳說中似乎能找到相似之處。趙佶是神宗皇帝的第十一子，據說神宗曾在秘書省觀看李後主畫像，對他的儒雅風流極為仰慕，到後來徽宗的出生，生時又夢李後主前來謁見，因此，後世謠傳宋徽宗乃李後主托胎轉世。

後來趙佶的哥哥宋哲宗趙煦不幸二十四歲時就病死了，恰巧的是趙煦卻無子嗣，而向太后非常喜歡趙佶的才華和氣質，說他有福壽之相，甚至還說「佶」者就是所謂的吉人嘛。於是宋徽宗就這樣稀里糊塗地登上了皇帝的寶座，從此，拉開了他極具悲情色彩的人生序幕。

令趙匡胤和趙光義沒有想到的是，僅僅一百二十年後，他們的第八代天子趙佶，就遭遇了和李煜同樣的命運。

在所有人的眼裏，都把宋徽宗趙佶看作是中國歷史有名的昏君，事實上，如果把北宋亡國的所有的責任都算在他頭上，那未免有點不公平。

其實，北宋滅亡不過是一個積弱的衰敗過程而已，恰恰宋徽宗趙佶這個倒楣鬼趕上了那最後的滅亡時刻。我想在北宋滅亡的問題上，如果按照責任劃分的話，主要負責任的不應該是他，因為導致北宋滅亡的原因從一開始就形成了，就是那個英明的開國皇帝趙匡胤。

趙匡胤當上了皇帝之後，為了鞏固自己的政權，並且讓子孫後代永世坐穩江山，不讓別人篡位，採取了很多辦法。然而一個人再

怎麼偉大，也不能顧及到後世的事情。但這個趙匡胤卻做到了，透過他採取的手段解決了篡位的問題，從他之後，在中國整個歷史就再沒發生過什麼將相篡位的事情來。所以我們不能不佩服趙匡胤的偉大之處。

為了解決這些問題，趙匡胤採用了許多辦法：其中就有最著名的「杯酒釋兵權」，還有採用文人統軍，軍隊正職全由文官擔任，武將只能任副職等等一切辦法。關於這些辦法還有很多很多，要想說清那些採用的辦法就需要專門一本書來書寫了，我在本文不過略過而談。

儘管這些措施改變了中國封建王朝的政治體制，保住了趙家天下，卻導致整個國家的軍事出現了問題，推想可知。想當年趙匡胤區區二十萬軍隊就統一了天下，還打得契丹只有招架之功，而到北宋末年，國家財富翻了幾十倍，軍隊人數翻了幾十倍，軍事實力卻弱到一觸即潰望風而逃的地步，國家的滅亡，也就在所難免了。你說，這能全怪宋徽宗趙佶嗎？

而後主李煜又何嘗不是這樣呢？

在中宗還在位的時候，國庫裏還存有七百萬錢，也還是個獨立的國家，人民都過著安慰恬靜的生活，可見還是個富有的國家。然而等到中宗逝世後主李煜接位的時候，南唐國已經割讓了差不多一半的國土了，還要每年向宋朝繳納進貢，並且還不能有自己的年號了。其實這個時候的南唐已經是千蒼百孔了，所剩的不過是苟延殘喘而已。

對於後主來說，我只覺得他比較倒楣了，或者說他只有文學天賦而沒有政治細胞，沒有生在一個太平盛世裏，導致到最後他成了亡國之君。可中宗有著很好的機會，卻沒有抓緊時機治理好國家，反而將南唐推上了滅亡之路。

　　然而在今天或許有人說，導致南唐敗亡的中宗一定是個昏庸之軍，而對於後主李煜大概也是如此的評價吧。可是從流傳至今的《南唐二主詞》裏，我們不能看出他們的非凡才情。試想，昏庸之君能寫那些優美的千古詞句嗎？

　　儘管南唐的滅亡在李煜沒有接手之前就已經形成定局了，可是不管怎麼說，畢竟南唐的滅亡是在李煜手上親自斷送的。他有著不可推卸的責任，所以被後人評為「作個才子真絕代，可憐薄命作君王」的南唐後主，的確是生不逢時，作為南唐最後一個君主，繼位時（961 年）南唐已對宋稱臣，處於屬國地位，這就決定了他作為君王的悲劇命運。

　　李煜在位十五年，不修政事，屈辱苟安，沉湎於奢靡娛樂的宮廷生活中。可這是真的嗎？其實作為一國的君主，李煜曾經也實施過一些仁政，減輕賦稅，放寬刑罰，只不過這些並不能挽救那個業已支離破碎的南唐國了。可是在後來北宋發兵進攻時，南唐能夠抵抗一年多，說明南唐還是有很大實力的，如果李煜能勵精圖治，南唐抵抗的時間一定不止一年。可李煜並沒有勵精圖治，而是借酒澆愁，並且還寫詞記錄自己的心路歷程，其中就有〈相見歡〉：

　　　　無言獨上西樓，月如鈎，寂寞梧桐深院鎖清秋。剪不斷，
　　理還亂，是離愁，別是一番滋味在心頭。

　　文人啊文人啊！很多的時候總是那麼地柔弱多情，作為一個君主，自己的國家處在風雨飄搖之中，還有閒情去曲詞吟賦，讓人想想都有點寒心。

　　其實說到底像李煜這樣是人並不是做帝王的材料，可是命運有時候就是那麼地捉弄人，偏偏就把他推上了歷史的舞臺，讓他在政治的漩渦中苦苦掙扎。

　　李煜生於帝王之家，而那時候金陵正是文人墨客集中的地方，自然就形成了文學的盛行，再加上李煜從小就耳濡目染父親對詩詞的造詣，就這樣把他慢慢地塑造成一個多愁、善感、柔弱、傷懷的文人。

　　李煜天性喜文厭武，他的人生志向，就是要做一個風流倜儻的文人墨客，或者做一名經綸滿腹的高人隱士。

　　　　浪花有意千重雪，桃李無言一隊春。一壺酒，一竿綸，
　　世上如儂有幾人。

　　這是他早期的作品〈漁父〉，我們從中不難看出李煜少年的理想追求。

　　人們常說個性決定命運，李煜亦是如此，此時的他所面對的處境是國家內憂外患，一種亡國的緊迫感沉重地壓在心頭讓人揣不過氣來。風雨欲來，大廈將傾，李煜也曾試圖想過振作，也想圖強，但他天性懦弱，他沒有拯救危局的政治魄力和才能，強國談何容易？以其父李璟的英武明斷，照舊不能保社稷於不衰，一介懦弱文士又怎能力挽狂瀾於亂世？所以，當面對日漸衰落的江山，他不知所措——沒有整頓朝綱，指揮征伐，復興南唐的勇氣，沒有臥薪嘗膽十年磨一劍的宏圖大志，所以李煜從繼位開始就對北方的宋朝忍辱屈從，納貢稱藩，不僅不敢堂堂正正地稱皇帝，甚至在接見宋朝的使者時，還要將皇袍脫下，換上紫袍。書呆子氣十足的李煜竟天真地認為，只要他事事恭順、不出過錯，趙匡胤就會礙於面子，不會同南唐兵戎相見。這只是他的一廂情願，說明他根本不懂政治，趙匡胤說得好，「臥榻之側，豈容他人鼾睡」。

　　這裏我們看到最為明顯是李煜從即位開始的時候就對趙宋王朝表現出了無比的柔弱和退讓，甚至有點卑躬屈膝。為了讓趙匡胤

知道自己從未想與中原抗衡，也從未想真正做什麼帝王，正如他給趙匡胤在〈即位上宋太祖表〉中所說：

> 臣本於諸子，實愧非才，自出膠庠，心疏利祿。被父兄之蔭育，樂日月以優遊，思追巢、許之餘塵，遠慕夷、齊之高義。繼傾懇悃，上告先君，固非虛詞，人多知者。徒以伯仲繼沒，次第推遷，先世謂臣克習義方，既長且嫡，俾司國事，遽易年華……惟堅臣節，上奉天朝，若曰稍易初心，輒萌異志，豈獨不遵於祖禰，實當受譴於神明。方主一國之生靈，遐賴九天之覆燾。況陛下懷柔義廣，煦嫗仁深，必假清光，更逾曩日，遠憑帝力，下撫舊邦，克獲宴安，得從康泰。然所慮者，吳越國鄰於敝土，近似深讎，猶恐輒向封疆，或生紛擾，臣即自嚴部曲，終不先有侵漁，免結釁嫌，撓幹旒扆。仍慮巧肆如簧之舌，仰成投杼之疑，曲構異端，潛行詭道。願回鑒燭，顯諭是非，庶使遠臣，得安危懇。

他以為自己所做的一切能夠換取趙匡胤寬容之心，然而更為可笑的是，為了討好趙匡胤，李煜還寫信給南漢主劉鋹，勸其審時度勢，和自己一樣向宋朝稱臣，可是這個劉鋹不是李煜，當然也不會因一紙書信就向宋朝屈膝，惱怒之下的劉鋹，不但扣留了南唐使節，而且斷絕了與南唐的關係，而宋太祖趙匡胤也就此抓住了機會，放心大膽的出兵滅亡了南漢，唇亡齒寒，南唐就此陷入孤立無援的境地。

最終等待他的是命運的擺佈，一如當年被命運無奈地推入政治漩渦之中。

在李煜的內心裏，他清楚地知道南唐註定滅亡，那是不可阻擋的歷史趨勢。既然無能為力改變命運和現實，唯有順從，這是他唯一能選擇的。

對於以後不可避免的戰爭，李煜不願想也不敢想，更談不上什麼積極的防禦措施了，甚至在消滅宋軍主力的機會來臨的時候，他也不敢稍作反抗。史書記載，就在北宋大軍雲集淮南，即將對南唐發動進攻的前夕，有商人自淮南來，晉見李煜，獻上破敵之策，說，北宋軍在長江上游的江陵棄戰艦數千艘，請前往焚燒。卻被李煜阻止了，理由是，擔心事情不成，反招其禍。

面對國家岌岌可危，朝局混亂，君王的退讓與屈膝之局面，南唐的有識之士坐不住了，他們希望能盡自己的力量來挽救這個飄飄欲墜的江山。

其中名將林仁肇就是一個很好的例子，他給李煜上書說願意領兵幾萬人北上，收復舊地。林仁肇還為李煜擬好了開脫的理由：他起兵的時候，李煜就向外發消息說林仁肇叛變，讓宋朝廷知道，以後假如事成得利的是國家，如果失敗就殺他全家，李煜不必承擔任何責任。就是這樣已經為李煜想好托辭的計畫，他也沒有同意。

然而等待林仁肇是一個悲劇的下場，我想他做夢大概也沒想到會是這樣；古人都說文死諫武死戰，作為一個將軍只有戰死在疆場才是最大的光榮，倘若要是被離間而死在自己的人手裏，我想應該是很悲哀的事情，可林仁肇恰恰是這樣的下場。

林仁肇的存在對趙宋王朝的南侵計畫是極大的障礙，作為趙宋王朝的最高統帥趙匡胤深深地知道，這樣的人不能據為己用就必須除掉，而趙匡胤不但會帶兵打仗更擅長用計，為了達到借刀殺人的效果，趙匡胤命令部下秘密買通林仁肇的侍從，偷出林仁肇的畫像掛在

事先已經準備好的房間，故意讓被扣留在宋朝的皇弟從善看到，還到處散佈謠言說林仁肇準備投靠宋朝，宋朝已經給林仁肇造好了私人府邸，透過這些精心的策劃製造出林仁肇投敵叛國的假像。而此時的從善對這一切的所見所聞，心中大為吃驚，連忙將這些情況告訴遠在金陵的哥哥李煜，面對弟弟帶回來的消息，李煜能不相信嗎？

在李煜的心裏清楚的知道，以林仁肇的能力絕對是國家棟樑之材，可一旦要是真的投敵叛國的話，那對南唐的毀滅性是無法想像的，就這樣經過再三的利與弊的權衡，李煜索性將林仁肇處死，林仁肇大概到死的時候也沒想到自己會是這樣窩囊的死。

而此時的趙匡胤得到林仁肇死去的消息，我想他心裏有著歎息和憤慨，歎息著這樣的勇將不能為己所用，真的是最大的遺憾；憤慨的是他林仁肇這樣的忠臣你李煜都殺了，你不亡國才怪。

還有文臣潘佑也沒落到好的下場，最終無奈地拔劍自殺。想想又是多麼的悲壯啊！

可李煜倒好，他不但沒有醒悟過來反而成天沉迷在聲色縱情之中。

更為可笑的是，李煜非常信佛，他還動用很多財力和物力來建造許多佛寺，每天在退朝之後就和就和皇后換上僧人的衣服，誦讀經書。僧人犯了罪，不依法制裁，而是讓他們誦佛，然後赦免。有人說帝王不能有愛好，否則就會給人投其所好而給別人帶來可乘之機，這話在李煜身上應驗了。他的這些愛好成了被別人利用的弱點。趙匡胤聽說這個情況之後，就精選了一名口齒伶俐聰明善辯的少年，其實不過是宋朝的間諜而已，少年南渡去見李煜，和他討論人生和性命之說，李煜信以為真，以為是難得的真佛出世，從此更少去處理朝政以及邊防守衛了，而是整天念經誦佛，一時間金陵的僧人多達萬人。

　　此時的李煜似乎陷得更深，每天只知道只知念佛、填詞，似乎在靜候滅亡的到來。

　　該來的還是要來的，誰也阻擋不住，只是李煜沒想到這麼快就來了而已。

　　趙匡胤終究是趙匡胤，他作為趙宋王朝的最高統帥，心裏肯定有著雄霸天下的野心，即便是李煜再怎麼的百依百順和屈膝求全，換來的依舊是趙宋王朝的雄師南下，不過在古代那些統治者做什麼事情都需要找個理由，哪怕是個牽強的理由也好，而這次也不例外，總得找個師出有名的理由吧！可趙匡胤想來想去怎麼也找不出一個什麼名正言順的理由，最後只好對率軍主帥曹彬和潘美說：「江南本無罪，但朕欲大一統，容他不得，卿等勿妄殺人！」

　　當然這個趙匡胤在下令大軍進攻南唐前夕，似乎是在表示仁慈，特別派使者去請李煜到開封。做出似乎要與李煜和談的樣子，可是李煜知道請去了就再也不可能回不來了，所以找個理由推說有病而不去了。

　　終於在開寶七年（974）的冬天，趙宋王朝的雄師浩浩蕩蕩橫渡長江，將金陵重重地包圍了。

　　大軍壓近，李煜為了表現出無比堅定的抵抗決心，慷慨激昂的對臣下說：「王師見討，孤當戎服親臨戰場，背城一戰，如果不能獲勝，則聚全家而自焚！」這句話聽起來的確振奮人心，鼓舞士氣，然而，誰都知道，這不過是李煜作為一個君王而死要面子的一種自我解脫罷了，難怪趙匡胤聽到後，說：「此措大兒語耳，徒有其口，必無其志。渠能如是，孫皓、叔寶不為降虜矣。」

　　就在戰爭開始後的不久，李煜還在繼續作著卑躬屈膝的事，派從弟從鎰攜向趙宋王朝送去了很多貴重的禮物，而自己的將士卻在

前線挨著餓為了保家為國而拼死抵抗，到了這樣的關頭李煜還不忘了填詞，不過想想也是，到了這個時候他除了填詞還能做什麼呢？

其中就填了一首詞叫〈臨江仙〉：

> 櫻桃落盡春歸去，蝶翻輕粉雙飛，子規啼月小樓西，玉鉤羅幕煙垂。別巷寂寥人散後，望殘煙草低迷。爐香閒嫋鳳凰兒，空持羅帶，回首恨依依。

據說這首詞還沒填完，宋軍就攻陷了金陵，最後的三句是後來補上的，當然這只是後話了。

然而，一切的一切都晚了！趙宋王朝的雄師在進攻一年後的十一月二十七日，金陵城終於被攻破了。

而此時李煜並沒有如一年前所說的那樣慷慨激昂的去赴死，而是率領臣僚數十人袒露著上半身至宋營投降了。宋軍主帥曹彬接受了他的投降，這位仁慈的將軍勸李煜回宮收拾財寶行李，以備他日之用，理由是歸朝以後俸祿有限而開銷卻極大。要是現在不拿，一經有關部門清查，到時候就再也拿不到了。

作為亡國之君的李煜被迫離開金陵碑上，相傳離開日，天氣陰暗，細雨綿綿，李煜冒雨等舟，故土家園漸行漸遠，煙雨中回顧自己三千里地山河，不覺潸然淚下，自古多情傷離別，此情此景觸動了多情的李煜，他抑制不住內心的悲痛，賦詩一首道：

> 江南江北舊家鄉，三十年來夢一場。
> 吳苑宮闈今冷落，廣陵台殿已荒涼。
> 雲籠遠岫愁千片，雨打歸舟淚萬行。
> 兄弟四人三百口，不堪閒坐細思量。

而在宋軍押送李煜行至北宋首都汴梁的路途中，此時的他慢慢地感覺到失去自由的痛苦，正在經歷著那種天上人間的滄桑巨變，不由得悔恨萬千，那種亡國之痛讓撕心裂肺，就在 976 年的除夕之夜，他悲痛地填了一首詞〈破陣子〉：

> 四十年來家國，三千里地山河。鳳閣龍樓連霄漢，玉樹瓊枝作煙蘿。幾曾識干戈！一旦歸為臣虜，沈腰潘鬢消磨。最是倉皇辭廟日，教坊猶奏別離歌，垂淚對宮娥。

976 年正月初四，李煜君臣一行到達了北宋首都汴梁，趙匡胤御駕明德樓，令李煜白衣紗帽至樓下待罪，然後頒詔赦免其罪，當然，趙匡胤為了懲罰李煜，還特別封了李煜一個帶有侮辱性的爵位——違命侯。

從此，李煜就開始了他的帝王囚徒生涯。

我記得曾有人說過：中國有兩部奇書分別是《史記》和《資治通鑒》，都是有才氣的人在政治上失意的境遇中編寫出來的。

我想李煜也不過是如此，其實人有時候受到打擊未嘗不是好事，李煜就是個很好證明，雖然他丟掉了那至高無上的帝王位，但失去這些之後使他的心靈得到洗練，從而寫出那麼多那麼好的詩詞來，正因為這些感人肺腑的詞才讓人們記住，試想歷史上有幾個真正於人們所記住的帝王？

然而從另外一個方面來看，李煜的帝王生涯顯得有些悲情，南唐的滅亡或許是歷史的必然，歷史的前進腳步總會以犧牲某些人作為代價，李煜雖然丟掉帝王位卻促使唐代後戰亂的國家分裂得到統一，從而減少了人民的苦難，這難道不是好事嗎？

三

想想李煜這一生也算還值得，做過帝王享受到了那種至高無上的君王權利，而且有兩個摯愛他的女人，還有他的詞即便是時光穿越到今天依舊有那麼多的人喜歡並且記得，我不能不說李煜真的很幸運。

在李煜這一生之中有著兩個最重要的女人：大周后、小周后。大周后名薔，小周后名薇，兩姐妹都是錢塘的美女。關於大周后，《南唐書》載：「後主昭惠周后，通書史，善歌舞，尤工鳳蕭琵琶。唐朝盛時，霓裳舞衣曲為宮廷的最大歌舞樂章，亂離之後，絕不復傳，后（大周后）得殘譜，以琵琶奏之，於是開元天寶之餘音復傳於世。」

西元 954 年，李煜同南唐重臣司徒周宗之女周薔（大周后）結為伉儷。這一年，李煜十八歲，周薔十九歲。

這對才子佳人可謂是天生的絕配，周后精通文墨，琴棋書畫無所不能，特別擅彈琵琶，並憑藉殘譜復原了已經失傳兩百多年的《霓裳羽衣曲》。李煜與周薔結合後，不僅找到了生活中的知己，也找到了藝術上的知音。

這對多才多藝的恩愛夫妻，和諧美滿地共同生活了整整十年，並有了兩個天資聰慧的兒子。可惜好景不長，西元 964 年，周后突患重病，形容槁枯。剛開始時，李煜對周后關懷備至、噓寒問暖，希望她的病情能有所好轉，但周后的病情卻一天比一天嚴重，李煜徹底絕望了。

就在這個時候，妹妹周薇應姐姐之邀來到內宮服侍姐姐。然而李煜看到周薇，彷彿看到昔日周后的神采。慢慢地就喜歡上了這個日後將成為南唐的小周后。

關於李煜與小周后偷偷幽會。李煜還特別地寫一首詞作為兩個人之間的紀念，並且把當時那種偷情的情景描寫得淋漓盡致。

> 花明月暗籠輕霧，今宵好向郎邊去。衩襪步香階，手提金縷鞋。畫堂南畔見，一向偎人顫。奴為出來難，教君恣意憐。
> （〈菩薩蠻〉）

世上沒有不透風的牆，即便是在戒備森嚴的皇宮也是如此，慢慢地這首詞在後宮傳播開來，甚至流向民間被人譜成曲子歌唱，而關於後主與小姨子之間的曖昧關係成了人們茶餘飯後最熱門的話題了，此時的後主依舊沉溺在溫柔鄉裡，全然不顧世人的非議。

某個夜晚，後主又和小姨子偷偷地見面了，這次不像往常那樣見面就卿卿我我，後主特意準備了酒，他們一邊喝酒一邊調情，趁著酒興，後主又激情地填了一首詞〈一斛珠〉：

> 晚妝初過，沈檀輕注些兒個；向人微露丁香顆，一曲清歌，暫引櫻桃破。羅袖裛殘殷色可，杯深旋被香醪涴；繡床斜憑嬌無那，爛嚼紅絨，笑向檀郎唾。

此後的李煜與小周后（小姨子）只要有時間就纏綿在一起，其實這一切的一切大周后早就耳聞，她只是不揭穿而已。恰在這時，李煜的次子仲宣意外夭折，這一連串的打擊，將大周后迅速地推向了死亡的邊緣。

曾經的他們是多麼的幸福啊，或許太過幸福了吧，連老天都開始嫉妒了，偏偏要拆散他們而不能在一起，生與死，是多麼遙遠的距離啊，誰都不能逾越。

終於在西元 964 年 11 月離開了她曾經深愛的李後主，離開這個她曾經熱愛的世界，時年二十九歲。

大周后的病逝，使李煜十分悲痛，親自草擬了一篇署名「鰥夫煜」的〈昭惠周后誄〉，長約數千言，命石工鐫刻在大周后陵園的碑上。通篇追述了對周薔的讚賞和思念，文中連續用了 14 次「嗚呼哀哉」的感歎詞，寄託了他對周薔「茫茫獨逝，捨我何鄉」的哀思。

一代傾國傾城的大周后就這樣淒然離開了人世，只留下「請薄葬」的絕筆。

就這樣，周薇順理成章地成為南唐的第二個皇后，也就是人們常說的小周后。

可是小周后就沒有她的姐姐大周后那樣幸運了，此時的南唐國已經是搖搖欲墜了，趙宋王朝的雄師開始對南唐早已是虎視眈眈了，終於在太祖開寶八年，南唐迫於壓力終於降宋。然而等待他們的將是不可想像的屈辱般生活。

四

李煜繼承父親殘留的半壁江山無可奈何花落處的既定國運，對宋稱臣，甚至忍辱屈從，一直採取不抵抗主義。這到底是苟且偷安，貪生怕死？還是如同王國維先生所說「有如釋迦、基督之代人荷罪」？這有待專家學者去研究探討的問題，對此我無意多說。

　　李煜政治上的作為我不想多說了。我只知道一個道理：如果李煜奮起反攻，那也只是黎民百姓遭殃，他附首稱臣，南唐百姓少受兵役之苦，還成就了一個詩詞皇帝。其實人世間的對錯是非無法論斷，興，百姓苦；亡，百姓苦。

　　倘若撇開帝王權術來看，我倒覺得這個李煜比較懂得人性，他之所以對宋朝如此妥協大概就是為了減少生靈塗炭吧。

　　有人說：李煜滿腦子只有詩詞和那剪不斷、理還亂的情愁，政治上是個徹徹底底白癡。我想這多少有點冤枉他了。

　　倘若李煜真的是個政治白癡的話，我想也不會支撐一個國家十多年，不過是歷史大形勢所趨。

　　而且，要想治理好一個國家並不是我們想像的那麼簡單，很多時候不是光有好的治國思路就行，還要過群臣那一關。一個再好的君王，不但要會耍權謀，對待群臣間的黨羽之爭，不光要能控制他們，更要拉攏他們，利用他們，監視他們。

　　試想，如果李煜能做好這些，他就不會寫出這麼多優美了上千年的詩詞。如果李煜能做好這些，那中國歷史上只會多一個庸俗的皇帝，少一個偉大的詞人。

　　命運這個東西有時候就像一張無形的網，只要你的生命還在延續著，它就會讓你在這個無形的網中不斷地掙扎，你越掙扎它就越捉弄你，直至最後那一刻。

　　在李煜囚居生涯中，他的生活發生了天翻地覆的變化，他所有一切的一切都被限制，再也沒有在江南那種隨心所欲的生活了，而面對的是那種風刀霜劍嚴相逼的境地，所有這些切身的體會，使他寫過很多抒發內心在亡國之後的一種悲怨離愁的詩詞，其中就有兩首最為經典的是〈浪淘沙〉和〈相見歡〉：

簾外雨潺潺，春意闌珊。羅衾不耐五更寒。夢裏不知身是客，一晌貪歡。獨自莫憑欄，無限關山。別時容易見時難。流水落花春去也，天上人間。（〈浪淘沙〉）

無言獨上西樓，月如鈎，寂寞梧桐深院鎖清秋。剪不斷，理還亂，是離愁，別是一般滋味在心頭。（〈相見歡〉）

後主內心究竟有多痛苦，我想只有他自己是最清楚的，是悔還是恨？面對著自己人生的浮沉，欲哭無淚啊！可是這些又能跟誰說呢？只能「無言獨上西樓」，過著那種「憑欄半日獨無言」的孤寂的幽禁囚徒生活，然而正是這樣滄桑巨變的殘酷生活，使得他以酒一醉解千愁，很多的時候都是「夢裏不知身是客」，醒來的時候依舊是滿腔的離愁，依舊是剪不斷、理還亂。

不知道是巧合還是上天故意安排，李煜出生在七夕又死於七夕，所謂「柔情似水，佳期如夢」，這好像是應驗了李煜一生的情。

西元 978 年的七夕，是李煜 42 歲的生日，國恨家仇，千愁萬緒無從釋懷。情到深處必自流，隨口吟出那首千古流傳的〈虞美人〉：

春花秋月何時了？往事知多少！小樓昨夜又東風，故國不堪回首月明中。雕欄玉砌應猶在，只是朱顏改。問君能有幾多愁？恰似一江春水向東流。

正是這首絕筆〈虞美人〉，讓李煜的生命走到了人生的盡頭。其實對他來說早已是醉生夢死，他活著也不過是行屍走肉而已，一切對他來說都不再有任何有任何意義，他想結束這一切，結束這屈

辱的生命，宋太宗的牽機藥成全了他。他終於可以從沉重而無奈的生命中解脫出來。

就這樣，李煜是帶著滿腔的怨憤，帶著國恨家仇，永遠地離開了這個世界。

古今多少事，都付笑談中。

歷史的長河裏，李煜也不過是一匆匆過客而已，而今天的每個我們，也終究逃不過一捧黃土，所謂人生自古誰無死。

李煜離開這個世界已有一千多年了，卻將四十年來家國夢寫入了詩詞，將自己交給了歷史。

一江春水向東流！

所有的一切都被時光和江河席捲而空，卻怎麼也席捲不了李煜那滿腔的愛恨情愁，千年後的李煜，正是因為那些每首詞裏都充滿著愛恨情愁而被人們所記住，而不是什麼帝王。

夜半無人之時，我總喜歡一個人聽〈虞美人〉，無論是鄧麗君還是費玉清的，都是那樣的纏綿感人，在歌聲中，我彷彿又回到了那個雕欄玉砌的南唐，我看到了那個多愁善感的李後主，他落寞地站在梧桐樹下，透過月光看到他那深邃的眼神裏流露出深深的哀怨，然而怎麼也走不出那清秋時節以及滿院的孤獨。

有什麼比孤獨更令人心碎？

我想那便是更深的孤獨。

很多時候我總是在幻想著自己穿越到千年前的南唐，與他賞月對話，與他同消千古愁。

一場寂寞憑誰訴

——孤獨的悲情浪子柳永

柳永（980？-1053？）原名叫三變，字景莊，後改名為永，字耆卿。世稱柳屯田。今福建崇安人，出身官宦之家。仁宗景桔元年（1034）進士，授睦州團練使推官，官至屯田員外郎。他的詞在當時獨具一格，其詞多寫歌妓愁苦和城市風光，尤長於抒寫羈旅行役之情，表現封建社會文人懷才失意的情緒，可以稱之為是北宋第一位專力寫詞的作家，婉約派創始人。並且對北宋慢詞的興起和發展作出了重大的貢獻。著有《樂章集》。

一

他的一生充滿著愛與恨的傳奇。

翻開《宋詞全集》，我們就可以看到在那樣一個群星璀璨的年代，寫詞的人數不勝數，然而有個人不得不說，也不管你從哪個角度去評價，他都可以說是宋朝眾多詞人中的異類，抑或按照今天人們的說法他絕對可以成為中國文學史上絕頂的風流才子。

這個人就是柳永，當然我們也可以叫他柳三變。

柳永（980？-1053？）原名叫三變，字景莊，後改名為永，字耆卿。世稱柳屯田。今福建崇安人，出身官宦之家。仁宗景祐元年（1034）進士，授睦州團練使推官，官至屯田員外郎。他的詞在當

時獨具一格，其詞多寫歌妓愁苦和城市風光，尤長於抒寫羈旅行役之情，表現封建社會文人懷才失意的情緒，可以稱之為是北宋第一位專力寫詞的作家。對北宋慢詞的興起和發展作出了重大的貢獻。著有《樂章集》。

然而關於他的介紹似乎也就這麼多，除此之外，今天的我們知之甚少，在那麼多著名詞人裏面，他不像其他的詞人那樣，一說到生平就會有大段大段的介紹，可他連出生年月都無法考證，再到他的個人生平事蹟，歷史上記載的依舊甚少，抑或寫了也都只是很晦澀地寫一些無關緊要的瑣碎之事，所以現在很多的書上也只能用一些約略的字句來加以概括，放蕩不羈是最常用的詞語，除此以外還有終生過得很落魄，很不得志，最後抑鬱而死，風流成性之類，總之，都不是什麼好詞。

或許對於柳永來說亦不需要太多的記載，我想他所寫的那些詞就是對他最好的記載，也是最好的證明。

但有一點可以肯定是，無論是誰都無法抹去他對宋朝詞壇所作出的巨大貢獻。

而據一些史料的記載，在宋朝那樣一個娛樂繁榮的年代，柳永的詞象徵著流行歌曲排行榜的標誌，凡有井水之處都有人在吟唱，這足以證明他寫詞的魅力，同時也可以證明他的詞在大眾之中傳播的廣泛。其實說到底他的詞之所以如此得到人們的喜愛，那是因為他的詞不是寫給那些上流社會的貴族們看，而是給平民百姓唱的。

在今天這樣一個物慾橫流的時代，我估計有很多人根本不知道宋朝有那麼一個落魄的詞人，即便某個時候在哪本書裏碰到過恐怕又很快就把他忘記了。

其實就我個人來說，我最早知道柳永這個多情的浪子是透過國學大師王國維的《人間詞話》裏面成就大事業大學問者所要經過的

三種境界而引用的詞句，其中第二種境界就是引用柳永的〈鳳棲梧〉中的最後一句詞：「衣帶漸寬終不悔，為伊消得人憔悴」。

有時候我總在想，是不是只要有著「衣帶漸寬終不悔，為伊消得人憔悴」那種執著的追求，就會得到自己想要的結果。可柳永得到了嗎？

而在現實的生活之中，我們的愛情又會是怎麼樣呢？

然而讓我真正記住這個終生不得志的落泊書生，是他所寫的那些流傳千古的佳句：「多情自古傷離別，更那堪、冷落清秋節。今宵酒醒何處？楊柳岸、曉風殘月。此去經年，應是良辰好景虛設。便縱有千種風情，更與何人說？」

很多時候我都不知道怎麼去描述這個終身潦倒落拓的男人，甚至找不到一個最貼切的詞來形容他，最後我想只有叫他悲情的浪子或許比較合適。

倘若放在他所處的時代，縱觀他的一生，可以概括為：

昨日的浪子，今日的明星，明日的傳奇。

二

也不知道是為什麼，只要一提到柳永這個悲情的浪子，我總會聯想到南唐後主李煜和納蘭容若這兩個人。

其實想到李後主和納蘭容若這兩個人，不光是因為他們的才情，更多的是因為他們的心性所至的真情流露。

我想大概有太多太多的人都知道納蘭容若的那句人生若只如初見吧。是啊！如果人生都是如初見那一刻的那樣完美，那該是多麼的美好啊，可是會這樣嗎？

47

然而這首〈木蘭花〉詞並不是我認為最好的，在我心目中納蘭容若的那首〈浣溪沙〉才是最好最淒美的，也只有這首詞才與李後主那首最最著名的〈虞美人〉相媲美：

李煜〈虞美人〉

　　春花秋月何時了，往事知多少！小樓昨夜又東風，故國不堪回首月明中。雕欄玉砌應猶在，只是朱顏改。問君能有幾多愁？恰似一江春水向東流。

納蘭容若〈浣溪沙〉

　　殘雪凝輝冷畫屏，落梅橫笛已三更，更無人處月朧明。

　　我是人家惆悵客，知君何事淚縱橫，斷腸聲裏憶平生。

你看看，他們好像是上蒼特意安排的，抑或是他們在前世就彼此約定好了；一個在最後離開這個世界的時候說了句問君能有幾多愁？而另一個卻在千年之後回答了前者所提的問題：我是人間惆悵客！

我在想，這千年的距離是多麼的遙遠啊，註定著這兩個才華橫溢的人無法在一起把酒問青天同消千古愁，然而千年的距離對他們來說卻又是如此地微不足道，兩位絕世才子的心靈卻能夠穿越時光的阻隔，如此完美的相默契。

是啊！他們總是那麼地多愁善感，可就是因為這樣他們寫的詞都是那樣的憂鬱和悲戚，叫人心痛不已。

而這個悲情的浪子柳永又何嘗不是這樣呢？

由於仕途的失意，導致柳永終生落拓潦倒，他可謂是嘗盡了人世間所有的辛酸，最後回憶自己這一生所經歷的一切，這個曾經是那樣放蕩不羈的浪子也領悟了：一生贏得是淒涼！

　　某個時刻我們只要細細地去讀納蘭容若和柳永的詞，就會發現他們詞的背後隱藏的悲涼心境大抵都是相同的，儘管納蘭容若出身貴族，但他內心卻是近似落魄文人的落寞，或許柳永一開始就註定著他是落魄的，他們兩人一個因華麗而落泊，一個因落泊而華麗。

　　而他們的一生始終貫穿著納蘭容若自己所說的那樣，我們都是人間的惆悵客。是啊，在滾滾紅塵中，有誰不是心帶惆悵的紅塵過客呢？

　　可又有幾人像他們那樣惆悵到極致呢？

　　其實從一開始，柳永就註定是個悲劇性的人物，或者說他的命運註定著他要在這個塵世中去翻滾。

　　隨著南唐的滅亡，而柳永就出生在南唐降臣柳宜之家，而柳宜身為南唐降臣自然要比同僚的其他人矮一截，就連李後主都是經常被侮辱，何況他一個降臣。可想而之，柳永身在這樣的一個處處都比人低處境之中，他要想跳出水面是多麼的難。

　　可是這個生來就狂妄的柳永確信自己的才華是超絕的，有足夠的能力去操縱自己的命運，然而現實會順從他的意志嗎？

　　據說柳宜和范仲淹是好友。范仲淹看出了柳永有著過人的天賦，是個可造之才，於是范仲淹便帶著年少的柳永隨自己西出邊塞，就這樣柳永開始他人生第一次經歷苦難風霜的洗禮。

　　到了邊塞之後，年少的柳永看到了自己從沒有看到過的景象，那裏冷風如刀，那裏饑荒貧赤，那裏民不聊生，這是他平生第一次所看到的，他被眼前的一切震驚了。

　　就這樣漸漸地深入社會最底層的生活之中，他看到了百姓的辛酸和疾苦，開始體驗到貧窮的苦難和官場的黑暗後，他便寫下了人

生第一首胸懷壯烈之詞，讚頌浴血奮戰在荒涼邊疆的軍士，詞為〈踏莎行〉：

> 謀臣樣樽俎，飛雲驟雨，三軍共戮力番兒未去！天時地利與人和，西酋誰敢輕相覷。鼎鼎樓臺，草迷煙渚。飛鴻驚對擎天柱！雄風高唱大風歌，升平歌舞添情趣。

這首大氣的〈踏莎行〉成為了邊塞鼓舞士氣的軍歌，隨後也便慢慢地流向市井之中。

我們再來看年輕的時候所寫的作品。那是他從家鄉福建崇安趕往汴京應試，路過杭州的時候，拜見兩浙轉運使孫何時所贈寫的一首詞〈望海潮〉：

> 東南形勝，三吳都會，錢塘自古繁華。煙柳畫橋，風簾翠幕，參差十萬人家。雲樹繞堤沙。怒濤捲霜雪，天塹無涯。市列珠璣，戶盈羅綺，竟豪奢。重湖疊巘清嘉，有三秋桂子，十里荷花。羌管弄晴，菱歌泛夜，嬉嬉釣叟蓮娃。千騎擁高牙。乘醉聽簫鼓，吟賞煙霞。異日圖將好景，歸去鳳池誇。

正是這首〈望海潮〉贏得孫何的讚賞，還特別許諾到時候為柳永加官進爵，可是這老天好像要跟柳永作對似的，並沒有如他所願，孫何不久就一命嗚呼，就這樣那諾言變成遙遙無期了，而面對自己的仕途之路還得是靠柳永自己的真本事去拼搏了。

據宋羅大經《鶴林玉露》卷十三記載：「此詞流播，金主亮聞歌，欣然有慕於『三秋桂子，十里荷花』，遂起投鞭渡江之志。」這個記載雖然過於誇大值得質疑，但由此可見，這詞流傳之廣，影響之大，只是在某個角度去看，覺得柳永為了討好孫何才寫出來的詞未免有點可笑罷了。

　　大約是在西元 1017 年，風華正茂的柳永如同所有所有的書生一樣帶著自己的仕途夢想進京趕考，此時的柳永似乎看到了自己的未來，他相信自己以自己過人的才華絕對能金榜題名，現在只不過是需要過道程式而已，然而事與願違，一切並不是如自己所想，第一次考試卻名落孫山，可他並不在乎，他相信只要是金子總會發光的，只不過是個時間的問題而已。

　　這個時候的柳永對自己的前途依舊充滿著信心，他並不像其他落榜的書生那樣，每天沉溺於紙醉金迷之中，反而激勵自己，並且填詞：富貴豈由人，時會高志須酬。就這樣柳永繼續留在京城等待下一次的開科考試。

　　時間一晃而過，轉眼在京城等待再一次開考的日子又來了，這個時候的柳永依舊對自己的前途信心十足，然而這次依舊未能如願，看著昔日的朋友都考上了，而自己又是榜上無名，此時的柳永心裏不免很是惱火，於是有感而發就寫那首著名的詞〈鶴沖天〉：

　　　　黃金榜上，偶失龍頭望。明代暫遺賢，如何向？未遂風雲便，爭不恣狂蕩？何須論得喪。才子詞人，自是白衣卿相。
　　煙花巷陌，依約丹青屏障。幸有意中人，堪尋訪。且恁偎紅翠，風流事，平生暢。青春都一餉。忍把浮名，換了淺斟低唱。

　　按說作為一介書生落榜也是很正常的事情，你想想看，那麼多參加應試的人不可能每個人都會考上吧，那麼落榜的人也自然會繼續學習等待下次的開考，可是那是別人所要走的路，這個柳永卻不這樣想，他認為是皇帝沒有發現自己，就這樣年輕而張狂的柳永由著性子寫了那首詞，結尾還故作清高地說了句：「忍把浮名，換了淺斟低唱。」

　　詞倒是寫得特別好，心中的委屈倒也煙消雲散了，可他做夢也沒想到就是因為這首〈鶴沖天〉的詞徹底改變了自己一生的命運。

　　其實作為一般的書生落榜了，寫些詞發發牢騷也是很正常的事情，可這個柳永卻不同於別人，此時的他早已是公眾人物了，他的一言一行別人都會注意的，他的詞凡是有井水的地方，就有人歌，就有人吟。

　　很快這首〈鶴沖天〉的詞被人們傳唱的同時也被當時最高的統治者宋仁宗皇帝記住了，這個宋仁宗聽到之後就反覆看這首詞，可他怎麼看怎麼看也覺得很是不舒服，特別是那句：「忍把浮名，換了淺斟低唱。」讓宋仁宗覺得這個柳永太過張揚了，而且是那麼的自負，你想想作為最高統治者能容忍這樣的人嗎？就這樣，柳永這個名字和他的詞都被宋仁宗深深地記住了。

　　三年後的應試柳永再一次地參加了，這次應試一切似乎如他所想，進行得特別順利，然而等到最後皇帝朱批放榜，這個宋仁宗還記得柳永，當他在名冊薄上看到「柳永」二字時，頓時就想起柳永所寫的那首讓他記恨在心的〈鶴沖天〉詞，於是毫不猶豫地劃掉了柳永的名字，並且在旁批道：「且去淺斟低唱，何要浮名？」

　　於是，玩世不恭的柳永便扛著皇帝宋仁宗「奉旨填詞」的御批招牌，開始了自己的浪跡生涯。

　　有時候我在想，柳永因為寫這首〈鶴沖天〉的詞而導致自己命運的落差到底是誰的錯呢？其實細心一想，他並沒有錯，他只不過是有點任性罷了，所以才寫幾句發牢騷的詞。倘若要找什麼原因的話，我想他是生錯在了那樣一個以求功名為畢生追求的悲哀年代。

　　其實人生不是只有「學而優則仕」這一條路。以他的超絕才華，如果換作今天的話，他絕對賽過今天所有當紅的歌星，即便他不當歌星的話，去寫作的話也絕對是一流的作家。

52

然而柳永所處的那個年代，要想施展自己的抱負或者說要想成名的話，那只有一條路可走──入仕途當官。

可命運有時候就是那麼地捉弄人，柳永註定著沒有做官的命運，其實在我眼中覺得他做個職業詞人是最適合不過了。但是他所處的那個年代卻是讓人特別鄙視的事情，作為一個知識份子應該是入仕途做官才對，而柳永卻整天出沒於煙花之地，並且還靠一些妓女養活自己，在那些士大夫眼中，像柳永這樣的人是不會有多大出息的。

是啊！柳永作為一介落魄的窮書生要想在京城生存下去，就只有靠自己的才華去寫詞賣詞來養活自己，在柳永的心裏既不想放棄仕途的理想，可自己又是那麼地執拗，再加上生活的辛酸，所有這一切的心裏矛盾是別人不能體會得到的。

在古代很多的文人在仕途得不到發展，或者說懷才不遇的例子都是數不勝數，而這些人最終就用另外一種方式來慰藉自己。像李白、陶淵明那樣求政不得而求山水；像蘇軾、白居易那樣政心不順而求文心；像孟浩然那樣躲在終南山裏而窺京城；像諸葛亮那樣雖說不求聞達，布衣躬耕，卻又暗暗積聚力量，一旦來了就出來建功立業。而這個柳永卻不同於他們，他先以極大的熱情投身政治，碰了釘子後並沒有像大多數文人那樣轉向山水，而是轉向市井深處，扎到市民堆裏接觸最底層的生活，用寫詞的方式來記錄自己最真實的生活遭遇，就這樣他在所走的地方成就了自己在中國文學史上的地位。

或許對於柳永來說，他這一生那樣地落魄是特別不幸的，可對中國文學史來說卻是大幸。

其實這個柳永可以說是既可愛又可悲，可愛的是他對仕途是那麼地執著，然而可悲的是，難道就只有仕途這條路可走嗎？

我們可以看到屢試屢敗的柳永對仕途怎麼也不死心，儘管他自己說忍把浮名換了淺斟低唱。我想這不過他自己違心的託詞罷了。

　　如果說柳永不想當官那絕對是假的，我們從他所著的《樂章集》中就可以看到，單單給皇帝祝壽所作的詞就有七八首之多，他的目的就是希望皇帝一高興能賜給自己一官半職，可惜那皇帝始終記恨他曾經寫的那首〈鶴沖天〉詞，不管你柳永怎麼討好也是無用的。

　　其實就我個人來說，我總覺得這個柳永的命運是特別的不濟。當初為了討好皇帝而違心地去寫詞以獲得一個職位，當不能實現自己的願望的時候，柳永還是非常努力，放下文人的架子去他去拜見當時權傾天下的丞相晏殊，想要讓晏殊推薦，覓個一官半職，可晏殊卻用輕蔑的口吻問：「你會幹什麼呀？」柳永說：「我會填詞作曲。」晏殊說：「我也會，但我寫不出『針線閒拈伴伊坐』那樣的破爛玩意兒。」

　　面對這樣的嘲笑戲弄柳永還能說什麼呢？他知道自己又一次碰壁了，只好默默地離開了。

　　我想人的一生最終換來的也不過是黃土三尺而已，那些所謂的光門耀祖的碑碣，不過是用光陰和才華獻祭的祭台而已。功名誤人，我想這點簡單的道理沒有誰不知道，可有誰真正懂得呢？

　　或許這也是所有男兒的宿命吧！

　　對於柳永來說也不過如此，他的骨子裏始終埋藏著仕途的功名情結，這一點他是無可否認的。

　　然而面對現實的生活，柳永從來也不掩飾自己內心真實的感情，他的內心似乎總是裝滿著女人的愁思，其中他所寫的〈晝夜樂〉就是最好的證明：

　　　　洞房記得初相遇，便只合、長相聚。何期小幽歡，變作離情別緒。況值闌珊春色暮，對滿目、亂花狂絮。直恐好風光，盡隨伊歸去。

一場寂寞憑誰訴？算前言、總輕負。早知恁地難拚，悔不當時留住。其奈風流端正外，更別有、繫人心處。一日不思量，也攢眉千度。

這首詞的可愛之處就在於把人物內心活動刻畫得非常細膩而真切，而比起那些貴族階層所寫的無病呻吟式的抒情詞要高明得多，柳永所寫的這首詞做到雅俗共賞，可見他扎進平民的生活是多麼地深。

當然他把雅與俗結合起來所寫的詞並不是這首最為好的，而是那首最最著名的〈鳳棲梧〉：

佇倚危樓風細細，望極春愁，黯黯生天際。草色煙光殘照裏，無言誰會憑欄意？

擬把疏狂圖一醉，對酒當歌，強樂還無味。衣帶漸寬終不悔，為伊消得人憔悴。

這也是我最喜歡柳永所寫的一首詞，單單詞中一句「衣帶漸寬終不悔，為伊消得人憔悴」就讓我歎之不已，他對愛情的態度是這樣的執著，而且是如此地激烈，我想是無人能與之相比的，並且用詞都是那麼的準確，簡直是一字值千金。

或許是在京城待膩了，柳永開始想離開這個令他心碎的地方，而這個時候的柳永也清楚地知道自己雖然有一腔抱負的雄心但面對現實的一次又一次地打擊，他感到是那樣的無能為力。

每次只要看柳永所寫的那些惆悵之類的詞，我似乎看到了一個封建社會中的才華橫溢的文人，在無奈的現實生活中沉浮。

自古別離最是苦！

這個多情而有癡情的柳永自然也不例外，在離開這個傷心之地的時候，他想到的依舊是自己那條沒有實現的仕途夢想，但更多的

是想到了自己昔日愛戀的那些女人們，可是有什麼辦法呢？他知道自己只要在這裏呆多久就會心痛多久，既然如此還不如離開得好，在離開京城之際，內心百感交集的柳永強忍著悲傷寫下了那首千古傷痛離別之詞──〈雨霖鈴〉：

> 寒蟬淒切，對長亭晚，驟雨初歇。都門帳飲無緒，留戀處，蘭舟催發。執手相看淚眼，竟無語凝噎。念去去千里煙波，暮靄沉沉楚天闊。
>
> 多情自古傷離別，更那堪、冷落清秋節！今宵酒醒何處？楊柳岸、曉風殘月。此去經年，應是良辰好景虛設。便縱有千種風情，更與何人說？

這首詞很快就被人譜成曲子在舞館妓院裏吟唱，一時間成為當時宋朝的最流行的歌曲，然而時間穿越到千年後的今天，他的這首詞被鄧麗君那清脆的歌喉演繹到了極致。

是啊！沒有自己心愛的人在身邊，無論今夕是何夕，還是酒醒何處，一切都不過是楊柳岸曉風殘月罷了，落得無限的惆悵而已。

三

很多時候我總是看見很多人在自己的 MSN 個性簽名上引用柳永的那句：應是良辰好景虛設。便縱有千種風情，更與何人說？我便會不由自主唱那首完整的〈雨霖鈴〉離別之詞。

其實今天人們大多數只知道柳永寫了這首千古傳唱的離別之詞，並不知道與之堪稱別離詞之雙璧還有另外一首詞〈採蓮令〉：

> 月華收，雲淡霜天曙。西征客、此時情苦。翠娥執手，
> 送臨歧，軋軋開朱戶。千嬌面、盈盈佇立，無言有淚，斷腸
> 爭忍回顧。
>
> 一葉蘭舟，便恁急槳凌波去。貪行色、豈知離緒。萬般
> 方寸，但飲恨，脈脈同誰語？更回首重城不見，寒江天外，
> 隱隱兩三煙樹。

這首以景開始又以景結束的離別之詞，我似乎看到了柳永在離別之際的痛苦心裏，他知道見與不見總是傷心。這個世間惟有離別讓人流盡斷腸淚，很多時候是那種無言以對惟有淚千行的情景讓人不忍回顧，可這些痛苦柳永算是嚐盡了。

然而由於柳永在科場失意後，他可以說每天都是過著醉生夢死的生活，而人們看到的是他寫的那些經典的離別詩詞，可有誰知道這些詞背後又埋藏著多少痛苦和淚水呢？

在世人面前他依舊表現得是那麼地灑脫，依舊是終日流連於酒肆青樓尋歡作樂，正是由於柳永真正深入到青樓裏那些妓女生活之中，慢慢地瞭解到青樓裏那些妓女的心聲，從而寫了大量的俚俗豔詞供那些歌妓演唱。

關於柳永寫俚俗之詞，在眾多詞人之中有太多的是對他橫加指責甚至還有鄙視的比比皆是，其中他所寫的一首經典的俚俗詞還有著一段傳奇故事，這就是〈定風波〉：

> 自春來，慘綠愁紅，芳心是事可哥。日上花梢，鶯穿柳
> 帶，猶壓香衾臥。暖酥消，膩雲嚲，終日厭厭倦梳裏。無那。
> 恨薄情一去，音書無個。
>
> 早知恁麼，悔當初，不把雕鞍鎖。向雞窗，只與蠻箋像

管，拘束教吟課。鎮相隨，莫拋躲，針線閒拈伴伊坐。和我，免使年少光陰虛過。

像這樣深刻反映妓女思想情感的俚俗詞可以說是被柳永寫得出神入化了，沒有人像他那樣寫得細膩直白，他用自己的俚俗之筆寫出了許多青樓歌妓相思斷腸、愛恨情愁的真情。

現在我們再來看因為這首流傳的一個故事，其實我在上文已經提到過，就是柳永去拜訪晏殊為了覓個一官半職，所以彼此之間就有一系列對話，其中就是因為「針線閒拈伴伊坐」一句而被晏殊嘲弄，從這之後柳永真的向世人稱起：「奉旨填詞柳三變」了。

柳永最初出入青樓妓院也是為了聲色享受。他有大量俚俗詩詞都是描寫妓女的才貌歌舞，甚至床幃歡情。其中就有〈晝夜樂〉與〈柳腰輕〉最具有代表性：

〈晝夜樂〉

秀香家住桃花徑。算神仙、才堪並。層波細翦明眸，膩玉圓搓素頸。愛把歌喉當筵逞。遏天邊，亂雲愁凝。言語似嬌鶯，一聲聲堪聽。

洞房飲散簾幃靜。擁香衾、歡心稱。金爐麝裊青煙，鳳帳燭搖紅影。無限狂心乘酒興。這歡娛、漸入嘉景。猶自怨鄰雞，道秋宵不永。

〈柳腰輕〉

英英妙舞腰肢軟。章台柳、昭陽燕。錦衣冠蓋，綺堂筵會，是處千金爭選。顧香砌、絲管初調，倚輕風、珮環微顫。

乍入霓裳促遍。逞盈盈、漸催檀板。慢垂霞袖，急趨蓮步，進退奇容千變。算何止、傾國傾城，暫回眸、萬人腸斷。

而正是因為這些詞，那些所謂的正人君子就開始罵柳永沉淪墮落，可這個柳永是誰，他會在意別人的漫罵嗎？依舊是整日廝混在煙花巷溫柔鄉中，並且還為那些青樓女子吟詩作賦，對自己內心的感情毫不隱瞞，很坦率地寫道「小樓深巷狂遊遍」，告訴世人就喜歡青樓那些女子，這個放蕩不羈的真性情男人有誰能比？

試想：那些自我標榜仕大夫的所謂正人君子就真的沒去過青樓妓院嗎？而又有幾個像柳永這樣如此坦蕩呢？

每每我看到柳永寫的那首〈畫夜樂〉中的句子：「一場寂寞憑誰訴？算前言、總輕負。早知恁地難拚，悔不當時留住」。我總是暗暗地驚歎這個天才般的真性情詞人的才華。

縱觀古往今來，很多的天才在自己所處的時代總是得不到認可，總是等他死後才得到世人的認可和理解，我想這大概是天才的悲哀吧！

而柳永這個天才是詞人也是如此，他在世的時候所寫的詞總是受到很多所謂仕大夫的正人君子所鄙夷，但柳永並不在乎他們的看法，依舊我行我素隨心所欲地抒寫自己內心真實情感的詩詞。上蒼對他總算是公平的，儘管他像眾多天才們一樣在自己所處的時代得不到認可，可是時間卻給了他最好的證明。

或許是因為柳永所寫的俚俗之詞比較通俗易懂，並且還有濃濃地風土味，正是這樣民間才出現「凡有井水處，皆有柳詞」。葉夢得《避暑錄話》中載：「教坊樂工每得新腔，必求永為辭，始行於世，於是聲傳一時」。

倘若要在唐宋詞中找出詞人與柳永相比較的話，我想恐怕只有蘇軾了。他們兩人一個是婉約派的代言人，一個是豪放派的代言人；這兩個人都是站在唐宋詞顛峰的至高點上。從而也把唐宋詞推向了極致。

據趙令時《侯鯖錄》記載，蘇軾對柳詞的評價：「世言柳耆卿曲俗，非也。如〈八聲甘州〉之『霜風淒緊，關河冷落，殘照當樓。』此語於詩句，不減唐人高處」。

柳永的一生精力都是致力於寫詞，尤工於羈旅行役。特別善於捕捉景色來抒發自己內心的憂愁。譬如這首〈八聲甘州〉的暮春之作：

> 對瀟瀟暮雨灑江天，一番洗清秋。漸霜風淒緊，關河冷落，殘照當樓。是處紅衰翠減，苒苒物華休。惟有長江水，無語東流。
>
> 不忍登高臨遠，望故鄉渺邈，歸思難收。歎年來蹤跡，何事苦淹留？想佳人、妝樓顒望，誤幾回、天際識歸舟。爭知我、倚欄杆處，正恁凝愁。

這首情景交融的羈旅之詞，不管從哪個方面講，都無可挑剔，它的藝術造詣已經達到了完美的程度。

柳永這一生四處漂泊，浪跡江湖，足跡幾乎踏遍了當時的大半個中國。可以說他是因禍得福，正是這樣的經歷使他寫羈旅詞簡直都是經典了，他筆下的別離情愁表現得那樣生動感人。尤為這首〈戚氏〉堪稱為千古絕唱。宋人說：「《離騷》千載寂寞後，〈戚氏〉淒涼一曲終。」很難想像已是暮年的柳永寫此詞時的心境是怎樣的悲苦。

這首由柳永自創的慢詞長調〈戚氏〉共三片，全詞長達二百一十二字，可謂字字泣血，道盡平生——

晚秋天。一霎微雨灑庭軒。檻菊蕭疏，井梧零亂惹殘煙。淒然。望江關。飛雲黯淡夕陽間。當時宋玉悲感，向此臨水與登山。遠道迢遞，行人悽楚，倦聽隴水潺湲。正蟬吟敗葉，蛩響衰草，相應喧喧。

孤館度日如年。風露漸變，悄悄至更闌。長天淨，絳河清淺，皓月嬋娟。思綿綿。夜永對景，那堪屈指，暗想從前。未名未祿，綺陌紅樓，往往經歲遷延。

帝里風光好，當年少日，暮宴朝歡。況有狂朋怪侶，遇當歌、對酒競留連。別來迅景如梭，舊遊似夢，煙水程何限。念利名、憔悴長縈絆。追往事、空慘愁顏。漏箭移、稍覺輕寒。漸鳴咽、畫角數聲殘。對閒窗畔，停燈向曉，抱影無眠。

柳永這一生如同他自己曾經所說的那樣：「一生贏得是淒涼」。

四

可以說柳永的這一生是無法被別人複製或者重現的，「寧為千人碑，不作柳七傳」，這個無人能為其立傳的落魄文人創造了太多的傳奇，或者說，他的存在本身就是一個傳奇。

這個幾乎一生都混跡於煙花巷陌中的柳永，與秦樓楚館的那些女子之間的愛戀也是一個不朽的傳奇，「不願神仙見，願識柳七面；不願君王召，願得柳七叫；不願千黃金，願得柳七心」，那些秦樓楚館的女子對柳永是這樣的崇拜與愛戀。

當然這也是柳永流浪民間十七年的生活結晶，終於在他四十七歲那年，或許是大宋皇帝心軟了，賜了他一個官至屯田員外郎的職位，其實想想似乎有命運總是那樣的捉弄人，柳永苦苦等待一生最終也不過是個六品小官而已。

不過這對柳永來說已經是格外開恩了，從曾經的那個狂放不羈的「白衣卿相」到六品屯田員外郎，終於走上了仕途之路，柳永有點控制不住自己的心情，即興寫了那首〈柳初新〉：

> 東郊向曉星杓亞。報帝里，春來也。柳抬煙眼。花勻露臉，漸覺綠嬌紅姹。妝點層台芳樹。運神功、丹青無價。
>
> 別有堯階試罷。新郎君、成行如畫。杏園風細，桃花浪暖，競喜羽遷鱗化。遍九陽、相將遊冶。驟香塵、寶鞍驕馬。

而此時已近暮年的柳永，他回憶自己這一生從狂放到潦倒，從風流到營役奔走，歷經人世淒苦，過往的一切如今歷歷在目，他緩緩地寫下了那句「狎性生疏，酒徒蕭索，不似少年時」。

柳永浪跡天涯一生，最後落寞地客死在鎮江。在馮夢龍的《三言》中，其中有〈眾名姬春風吊柳七〉的故事記載。柳七死後，以陳師師為首，斂眾妓財帛，為柳七製買衣衾棺槨，在樂遊原上建一墳塋，碑文上書：「奉旨填詞柳三變之墓」。幾個親密的歌妓披孝守墓，出殯那天，京城妓家，無一人不到，哀哭遍野。卻應了《紅樓夢》中寶玉那句話，我死後，眾人的眼淚葬我。

為了紀念柳永，每年逢柳永的忌日，歌妓們還要集中在一起召開「吊柳會」。也不知道是哪個無名人，還特意為柳永寫首詩：樂遊原上妓如雲，盡上風流柳七墳。可笑紛紛縉紳輩，憐才不及眾紅裙。

試想，這個世界上有幾個男人能與之相比？而柳永一個流浪於煙花巷陌的詞人，卻享受到如此殊榮，難道僅僅因為是才氣嗎？我

想更多的方面是柳永真正給了這些歌妓們尊嚴，給了這些歌妓們愛，把這些歌妓當作了自己一生的情人。

故事到此，本該結束了。但柳三變畢竟是柳三變，他是所有詞人中的異類，他以著常人難以企及的才情與狂傲將這個充滿著強權意味的故事硬生生地演繹成了一則傳奇──奉旨填詞柳三變傳奇。

縱觀柳永這一生，他有著太多的無奈和失落，然而人們看不到的是他命運沉浮過程中內心的矛盾與掙扎，人們看到的是他那看似狂放風流的外表，卻沒人知道他這一生的感情生活是怎麼樣的孤寂。一生贏得是淒涼，追前事，暗傷心，「一生惆悵情多少，月不長圓，春色易未老」他奔了一生，逃了一生，夢了一生，醉了一生，無妻無子，孤獨終老，是那個「白衣卿相」的柳永。

每次聽鄧麗君的那曲〈相看眼淚・雨霖鈴〉，在歌聲中我似乎看到一個遲暮的老人，在喃喃自語地訴說著一個傳奇的故事：黃金榜上，偶失龍頭望。明代暫遺賢，如何向？未遂風雲便，爭不恣狂蕩？何須論得喪。才子詞人，自是白衣卿相。煙花巷陌，依約丹青屏障。幸有意中人，堪尋訪。且恁偎紅翠，風流事，平生暢。青春都一餉。忍把浮名，換了淺斟低唱。

虛負凌雲萬丈才

——閒說李商隱

李商隱（約 813 年－約 858 年）字義山，號玉谿生，又號樊南生。祖籍懷州河內（今河南沁陽）人，後遷居於鄭州。開成年間進士，曾任縣尉、秘書郎和東川節度使判官等職。因受牛李黨爭影響，在政治上一直被人排擠，導致終身潦倒，長期漂泊做幕僚。詩與杜牧齊名，人稱「小李杜」。所作詠史詩多托古以諷刺；特別擅長律、絕，富於文才，具有獨特風格。著有《李義山詩集》。

一

倘若有人問我，在唐朝那樣一個詩人輩出的時代，誰的愛情詩寫得最好？我想，除了李商隱之外，恐怕再也找不出哪個詩人能超越他。

可以說從古至今以相思為主題所創作的詩篇，並且傳誦最為普遍的詩這大概也只有李商隱了。每次讀他的詩都有著不同的感受，伴隨著他的詩歌背後所流露出對愛情的感知，似乎自己也剛剛經歷了一場刻骨銘心的愛情一樣。

從他的詩篇之中我總感受到有種對人生失意的苦悶無處宣洩的氣息，同時也在各種不同的詩中有意無意之間融入個人懷才不遇的身世遭遇，以及內心真實的心路歷程。所以他所寫的那些愛情詩篇總是那樣的震撼人心，或許正是因為這樣的魅力，便把他所寫的

愛情詩推向了唐朝那樣一個星光燦爛的顛峰，從而奠定了他在詩壇舉重足輕的地位。

我總是在想，倘若李商隱不是詩人的話，而是改作去寫小說，憑著他的才情和對愛情的獨特的領悟，必定能寫出感人斷腸的千古流傳的愛情小說。

他特別善於把愛情生活中那些最難以抒寫的情感借用一系列的意象或典故用詩表達出來，也正是因為他的詩大量的典故，所以致使他所有的愛情詩都呈現出詭異和晦澀以及精深的風格。

然而隨著大唐王朝的逐漸衰敗，詩壇繼李白和杜甫之後也逐漸進入低潮時期，很難再找出文學成就很高的詩人。可在晚唐時期，中國詩壇兩顆璀璨的新星再次把唐朝的文化推向高潮，也把我們的唐詩文化引向最後的顛峰。他們就是李商隱和杜牧，也是被人們常常並稱為「小李杜」。雖然他們不能與唐詩的泰山北斗李白和杜甫比肩，但他們以特有的細膩秀筆引領著晚唐風騷，使晚唐那些漫漫的長夜因他們所閃耀的光輝而更加絢爛。

李商隱的詩歌長於用典，工於抒情。

李商隱所寫的詩的社會意義儘管不及李白和杜甫，但是李商隱是後世最有影響力的詩人。晚唐時期在韓偓和唐彥謙已經開始自覺學習李商隱的詩歌風格。到了宋代，學習李商隱的詩人就更多了。據葉燮說：「宋人七絕，大概學杜甫者什六七，學李商隱者什三四。」還有北宋初期西昆體作家也不斷地模仿李商隱的寫作風格。此外，王安石對李商隱也評價很高，認為他的一些詩作「雖老杜無以過也」（《蔡寬夫詩話》）。王安石本人的詩歌風格也明顯受到李商隱的影響。

他的詩歌具有深細而婉約的特點，所以對後世的婉約派詞家也有較深的影響。

清代孫洙所編選的《唐詩三百首》中，就收入李商隱的詩作22 首，數量僅次於杜甫（38 首）、王維（29 首）、李白（27 首），居第四位。這個唐詩選本在中國可以說是家喻戶曉，由此我們也可以看出李商隱在普通民眾中的巨大影響。

儘管如此，李商隱躋身於中國文學史上第一流作家之列，但是他的作品長期受人曲解。唐宋人對其人其詩，充斥著謾罵。《舊唐書》本傳罵其「背恩」、「無行」、「無持操」、「持才詭激」。陸游的《老學庵筆記》說：唐人《無題》詩皆『率皆杯酒狎邪之語』。對溫庭筠、李商隱更是貶斥。

這樣一直延續到清朝的時候，大概是在順治十六年，詞家朱鶴齡的研究著作《義山詩集注》出版。此書為李詩提供了一個完整的箋注本。朱鶴齡認為李商隱的詩「推原其志義，可以鼓吹少陵」，駁斥了歷代對李商隱其人其詩的曲解。指出李商隱「指事懷忠，鬱紆激切」，直可與曲江老人（杜甫）相視而笑，斷不得以『放利偷合』、『詭薄無行』嗤摘也。他認為「義山之詩，乃風人之緒音，屈宋之遺響，蓋得子美之深而變化出之也。」這也為今天的人們重新認識李商隱作出了重大貢獻。

隨著時間慢慢地流逝，李商隱距今已有一千多年了，然而在今天這樣一個物慾橫流的年代，一切都變得是那樣的冰冷和現實，依舊有很多人能隨口背誦出他那些許多膾炙人口的愛情詩名句。例如「春蠶到死絲方盡，蠟炬成灰淚始乾」；「身無彩鳳雙飛翼，心有靈犀一點通」；「相見時難別亦難，東風無力百花殘」；「春心莫共花爭發，一寸相思一寸灰」，等等。還有那些老年人也耳能熟詳「天意

憐幽草，人間重晚晴」；「夕陽無限好，只是近黃昏。」等名句。這一切足以說明李商隱的詩歌魅力。

我想。如果說柳永是多情，蘇東坡是專情，元稹是癡情，那麼李商隱可以說是絕對的深情。

我總喜歡讀他的那些無題詩，也總是一次次地被深深感到著，特別是那首「昨夜星辰昨夜風，畫樓西畔桂堂東。身無彩鳳雙飛翼，心有靈犀一點通」這幾句詩，我發現不論是什麼時候都能讓人產生共鳴。

有時候我總在想，李商隱的詩寫得那樣深情而具有穿透力，倘若對情感沒有親身的體驗，大概也寫不出來吧。這這樣的深情，這樣的詩句，我想他並不是為了自己的名譽而寫吧，而是對情感最真摯的抒發。

特別他的那首〈錦瑟〉：「錦瑟無端五十弦，一弦一柱思華年。莊生曉夢迷蝴蝶，望帝春心託杜鵑。滄海月明珠有淚，藍田日暖玉生煙。此情可待成追憶，只是當時已惘然。」每一次讀的時候，總是禁不住的想這樣一個男人寫出來的詩是如此的細膩而婉約，可我更多的感覺到他的詩背後蘊藏著太多的惆悵和苦痛的心情，我不知道他內心是在經歷著怎樣的一種情感才寫出這首千古流傳的詩。

僅僅末尾這兩句「此情可待成追憶，只是當時已惘然！」就讓那些曾經經歷過愛情的人感慨萬千。這讓我想起了那首耳熟能詳的歐美歌曲 Right Here Waiting 被翻譯成《此情可待》，歌曲最後兩句的大意：

> 無論你在何地　無論你做何事　我就在這裏等候你
> 不管怎麼樣　或不管我多哀傷　我就在這裏等候你　等
> 候你……

這首歌曲亦如李商隱的詩一樣是那麼的深情。然而有些人無論你怎麼等待註定只能回憶，或許這是命定的吧。儘管有些人只陪我們走了一段路程，卻註定會照亮我們心底一生的明燈，成為我們一生散不盡的溫暖。

是啊！有些人再回首時，容顏已是無法辨認了。人生有時候就是如此地捉弄人，一轉身可能就是一輩子。此情可待成追憶，只是當時已惘然。或許詩人在寫這句話的時候，早已是肝腸寸斷，支離破碎了。或許因為這些深情而浪漫的字句消耗了他太多太多的精力，所以他在歷史上只活了四十五年。

二

李商隱的一生可謂是漂泊而終。他出生於唐憲宗元和八年（813），卒於唐宣宗大中十二年（858）。一生經歷了晚唐憲宗、穆宗、敬宗、文宗、武宗、宣宗六朝。但他主要生活在文宗、武宗、宣宗這三朝，這時那個曾經歷史上空前強大的大唐王朝已經開始在走向衰頹，亦如他所寫的詩「夕陽無限好，只是近黃昏」那樣的沒落景象。

李商隱就生活在大唐王朝這樣一個風雨飄搖的末世，我不知道上天是故意安排這樣還是巧合，總之這樣一個開始冥冥之中似乎也在暗示著李商隱這一生，從此他顛沛流離的一生也將拉開了序幕。

在古代，大多數仕子走上仕途之路都需要透過干謁那些地位顯赫的人從而得到推薦，或者自身有著顯赫的家世，這樣才能順利走上仕途之路，這種現象在唐朝尤其普遍。

而李商隱亦是如此，他一樣也免不了那些俗套。他的詩中曾經還這樣寫過「公先真帝子，我係本王孫」，而實際上如同他自己所說的那樣：「四海無可歸之地，九族無可倚之親」。儘管他自認為是皇族同宗，事實上也的確如此。後來經過張采田考證，確認他是唐朝李氏皇族的遠房宗室，他的家世可以追溯到唐高祖李淵，這個李淵又李暠的第七代子孫，而李商隱又是這個李暠的苗裔。如此推來，他的家世曾經還算顯赫了，不過這種所謂的宗室關係到現在已經相當遙遠了，雖然他在自己的詩文中自述是皇族宗室身份，然而在現實中並沒有給他帶來絲毫的利益，而從李商隱的高祖李涉開始，曾經擔任過最高的官職不過是縣令，就這樣一直到後面幾代都是官卑職微，門庭開始逐漸衰落了。而到他的父親李嗣的官職也不過是任殿中侍御史，還擔任過獲嘉縣（今屬河南）的縣令，不過好景不長最後淪落到做幕僚。而李商隱就是出生在這樣一個已經衰落的書香門第之中。

大約在李商隱十歲的時候，家裏發生了巨大的變化，由於父親在浙江幕府突然去世，他不得不和母親以及弟妹們回到自己的家鄉河南鄭州，原本不是怎麼富裕的家庭頓時變得更加窘困起來，大多數時候還靠鄰里親戚接濟。而他為了擺脫這種現實的境況，自己又是家中的長子，他不得不背負起撐持門戶的責任。這在他後來的詩文中有對自己這一時期經歷的描寫「乃占數東甸，傭書販舂」，他只得靠給別人抄書掙錢養家糊口。

在這期間碰到一位對自己影響比較大的老師，那就是他家族的一位叔父。此人曾讀過太學，不過一直都沒有做官，終身都是隱居

在鄉間，對古文詩詞頗有造詣，所以在此期間李商隱學到了很多知識，從而為以後展現自己的才華打下了堅實的基礎。

終於在唐文宗太和三年（829），李商隱迎得了他人生的第一個轉捩點。這一年的三月某天，他帶著自己的文章到剛剛上任的刺史家中拜訪，從而受到賞識，他的命運從此也將改變了。

改變他命運的這個人便是當時赫赫有名的令狐楚，此人頗有文學天賦，二十六歲登上進士第。可謂是年輕有人，特別精於章表書啟等文體，曾在太原幕府任掌書記時候，每當太原的章奏遞到朝廷，德宗皇帝都能辨認出於他所寫並且大加讚許，可見此人的文化功底之深。令狐楚也如同李商隱經一樣歷了六朝，官是越做越高，名聲也越來越大，所以當時有很多人都用自己的詩文干謁，求他向主考官推薦。這就是李商隱也去登門拜訪他的原因。

由於令狐楚對李商隱的才華大為欣賞，李便被招做了幕僚，從此就住在令狐府邸，令狐楚可以說對李是關愛甚好，不僅資助他的家庭生活，而且還傳授他駢體文寫作技巧，由於李的聰穎，很快就精通了。對於令狐楚無微不至的關懷，李可以說是十分感動。所以特別寫了一首詩表達對令狐楚的感激之情以及本人的躊躇滿志：

> 微意何曾有一毫，空攜筆硯奉龍韜。
> 自蒙夜半傳書後，不羨王祥有佩刀。

儘管李商隱受到令狐楚如此的器重，在令狐楚的幕府幹得也比較順利，但某個時候他內心深處總是在憂慮著自己的前途，因為他深深地知道，這樣幹下去始終不是個辦法，否則無法實現自己的政治抱負和重振家門的願望。

這讓他想起大詩人杜甫晚年漂泊西南在給別人做幕僚時寫的一首〈宿府〉詩：

清秋幕府井梧寒，獨宿江城蠟炬殘。

永夜角聲悲自語，中天月色好誰看。

風塵荏苒音書絕，關塞蕭條行路難。

已忍伶俜十年事，強移棲息一枝安。

每當李商隱獨自吟詠這首詩的時候，他總覺得詩中所描寫的境況跟自己現在處境沒有多大的差別。

是啊！一個人為著理想漂泊在外的時候，面對那漫漫的長夜，孤獨如同潮水般地慢慢地湧上心頭，縱然良辰好景也不過是虛設罷了。

事實上。在唐朝那樣一個政治和知識份子相互結合的時代，那些缺乏家世背景的知識份子要想在仕途有所發展的話。一般都有科舉或者幕僚的經歷，前者毋庸多說，一般的知識份子都有此經歷，也是必不可少的一道程序，因為只有這樣才能得到官方的對其能力的認可。而後者一般都是一些地位顯赫的官僚為了培養自己的政治團隊的需要，倘若非常出色的話，日後就有可能被推薦朝中做官，比如白居易和杜甫等等一些大詩人都有此經歷。

而李商隱也不例外，既然入幕府一時間看不到希望，他自然會想到要走科舉的道路。終於在太和五年（831）三月的時候，李商隱揣著仕途的夢想赴京應試，其實按照他本人的真實才能是絕對能考上的，然而那樣一個時代並不是真的要靠真才實學就可以了，一般在考前都需要干謁行卷，那麼李商隱自然就落榜了。以後屢試屢敗，直到開成二年（837），令狐父子在暗中幫忙，李商隱才得中進士。然而就在這一年年底，令狐楚卻病逝了，李商隱護送令狐楚的

靈柩返回長安，路過長安西郊的時候，親眼目睹了由於連年戰亂導致農村衰敗的景象，由此激發了詩人那悲天憫人的內心，於是寫下了那首著名的長詩〈行次西郊作一百韻〉：

> 蛇年建丑月，我自梁還秦。
> 南下大散關，北濟渭之濱。
> ⋯⋯
> ⋯⋯
> 使典作尚書，廝養為將軍。
> 慎勿道此言，此言未忍聞。

可以說這首詩是晚唐少見的長篇巨作，也足以顯出了李商隱紮實的功底，故朱庭珍云：「五言長篇，始於樂府〈孔雀東南飛〉一章，而蔡文姬〈悲憤詩〉繼之。唐代則工部之〈北征〉、〈奉先述懷〉二篇，玉谿生〈行次西郊〉，足以抗衡。」

然而令狐楚的逝世對李商隱可以說是致命的打擊，他命中的貴人就這樣走了，而自己的仕途之路才剛剛開始，一般古代那些達官顯貴都是人文入仕的階梯，此時這個階梯的崩塌也為日後埋下了悲劇。

次年李商隱赴涇原節度史王茂元幕，王茂元極其賞識李商隱的才華，特意將自己的小女嫁其作妻。而此時牛李黨爭特別激烈，令狐父子為牛黨要員，王茂元屬於李德裕之李黨，李商隱投靠王茂元，就這樣李商隱不知不覺地被捲進了政治黨爭的漩渦，成為政治的犧牲品，導致終其一生顛沛流離。亦如馮浩所說：「義山以娶王氏，見薄於令狐，坐致坎壈終身，是為事蹟之最要者。」

　　然而，由於李商隱娶王茂元之女為妻，自然就被牛黨視為忘恩負義的人。事實上並非如此，在此之前牛黨之首領牛僧孺的幕下劉與李商隱有過一面之交，後來劉不顧個人的安危揭露了晚唐宦官專權誤國的最大弊端，直言極諫的提出「揭國權以歸其相，持兵柄以歸其將」。就這樣他觸怒了宦官要權者，從而被貶黜，最終遭宦官的誣陷直至冤死。李商隱得知後內心感到無比的沉痛，雖然他們僅僅只是一般的普通交情而已，但劉的死給李商隱帶來思想上極大的震動，沒想到像劉這樣一個忠誠志士最終卻落得如此下場，他為劉的冤死感到悲憤，接連寫了四首悼念劉的詩，如〈哭劉〉裏說：「上帝深宮閉九閽，巫咸不下問銜冤。」在〈劉司戶〉裏道：「一叫千回首，天高不可聞。」又在〈哭劉司戶〉裏說：「路有論冤謫，言皆在中興。」這一切足以證明了李商隱的正直耿介，決不是那種背恩無行的人。

　　事實上，劉的死並不是他一個人的死，而是所有忠誠志士的死，也意味著所有的忠誠志士理想的崩潰，此時似乎隱約地能聽見唐王朝衰落的喪鐘聲。

　　在李商隱的幕府生涯中，他認識了一個相知的朋友，那就是當時才華出眾的詩人崔玨。那是在大中元年的時候入李德裕親信鄭亞的幕府，任掌書記職務，此時詩人崔玨也在鄭亞幕下出任觀察巡官的職務，他們就這樣相互認識了，後來崔玨西去入蜀，李商隱非常傷感寫了首〈送崔玨往四川〉的詩：

> 年少因何有旅愁，欲為東下更西遊。
> 一條雪浪吼巫峽，千里火雲燒益州。
> 卜肆至今多寂寞，酒爐從古擅風流。
> 浣花箋紙挑花色，好好題詩詠玉鉤。

李商隱的這一生可以說是非常淒苦的，自太和三年踏入官場，到大中十二年去世，三十年中就有二十年是輾轉於各個幕府，可見他仕途是多麼地波折而艱辛，儘管他是如此地執著，也無法實現自己的政治抱負。

在他生命的最後兩年，他回到自己童年生活過的江東，任鹽鐵推官，但不久罷職後重新回到鄭州家裏。終於在大中十二年，年僅四十五歲的李商隱在落寞淒涼的閒居生活離開了這個世界。

他死後，他的生前好友崔玨在〈哭李商隱〉詩中寫道：「虛負凌雲萬丈才，一生襟袍未曾開」，我想這兩句詩可謂是對李商隱一生最好的總結。

三

李商隱作為唐朝後期最傑出的詩人，他的詩歌具有獨特的藝術風格，我想一方面成因於他的生活經歷和遭遇，另一方面受到了天才早夭的詩人李賀影響。李商隱還特意為李賀寫了〈李賀小傳〉一文，而杜牧卻為之寫序，這可見李賀這個天才「詩鬼」是多麼的有才情，只可惜他如同流星般一閃而過，只活了短暫二十七年就離開這個世界。

至於李商隱和杜牧之間的關係，雖然無法找出史料考證，但有點可以肯定的是，李商隱絕對是十分仰慕杜牧的，他贈給杜牧的兩首詩就是最好的例證：

> 高樓風雨感斯文，短翼差池不及群。
> 刻意傷春復傷別，人間惟有杜司勳。

> ──〈杜司勳〉

杜牧司勳字牧之，清秋一首杜秋詩。

前身應是梁江總，名總還曾字總詩。

心鐵已從干鏌利，鬢絲休歎雪霜垂。

漢江遠吊西江水，羊祜韋丹盡有碑。

──〈贈司勳杜十三員外〉

從這兩首詩可以看出李商隱把杜牧當作自己的知音，同時也流露出兩人之間真摯的情誼。

從某種角度來說，李商隱和李賀的生活經歷以及遭遇有著太多的相似之處，我想這大概是李商隱的詩為什麼受到李賀的影響的起因吧。

李賀（790-816），字長吉，今河南宜陽人，為唐初大鄭王李亮後裔。他雖為唐王朝的宗室之後，但其家世已屬皇室遠支，可家境早已衰敗，李賀不能依靠家世財富來獲取功名，他只有像天下所有的讀書人一樣通過考試以獲取功名，然後他的仕途並未能如願，可以說他的生活也是極其的不幸，他年未弱冠，父親就去世了，他作為家庭的長子不得不挑起生活的重擔，以及到後來他的婚姻也是非常不幸的，結婚沒多久妻子也去世了。這一切的一切生活遭遇，造成了李賀孤傲憂鬱的性格。

由於生活給李賀帶來不幸，所以他對當時的社會現實極為不滿，因此寫了大量的批判現實黑暗的詩，所以李商隱早期所寫的一些關於抨擊現實社會的詩和李賀的風格極為相似。其中有一首就比較具有代表性：

一笑相傾國便亡，何勞荊棘始堪傷。

小憐玉體橫陳夜，已報周師入晉陽。

巧笑知堪敵萬機，傾城最在著戎衣。

晉陽已陷休回顧，更請君王獵一圍。

──〈北齊二首〉

　　在李商隱這短暫的一生之中卻經歷了六代君王，然而逐漸衰敗的王朝在這些君王手上治理並未有什麼起色，相反由於他們的昏庸而加速了大唐王朝的衰落。但對於那些懷有政治抱負和才華出眾的詩人來說，要想憑著自己個人的力量力挽狂瀾而去實現政治抱負顯然是不可能的，所以詩人們總是借用歷史人物來抒發內心的生不逢時和有才無命的苦悶愁緒。而李商隱亦是如此，他所寫的那些政治詠史詩都是以憂國憂民和個人際遇相融合為重心。

　　然而李商隱在文學史上的地位並非取決於那些政治詠史詩，雖然這些詩不乏有很多都很膾炙人口，但真正奠定他的地位卻是他那以無題為核心所創作的詩歌而產生巨大而持久的影響。

　　可以說他那些以無題為主題所詠吟的詩是他所有作品中最具有特色的部分，也是後世人們最多的關注。

　　事實上，每次我只有讀他的那首傳誦千古的〈無題〉詩：

相見時難別亦難，東風無力百花殘。

春蠶到死絲方盡，蠟炬成灰淚始乾。

曉鏡但愁雲鬢改，夜吟應覺月光寒。

蓬山此去無多路，青鳥殷勤為探看。

　　總有一種心痛的感覺，很多的時候我總在想，相見是那樣的難，分別又是那樣的痛苦，難道這就是命定的嗎？倘若是這樣的話，那還不如不見，讓彼此相見不如懷念，最後相忘江湖。

可是又有誰能做到這樣呢？我們註定只有痛苦，其實是因為我們愛得太過深沉。

或許正如周國平所說：最強烈的愛都根源於絕望，最深沉的痛苦都根源於愛！

而那首歷代名家推崇且最享有盛名的〈錦瑟〉總讓人念念不忘：

> 錦瑟無端五十弦，一弦一柱思華年。
>
> 莊生曉夢迷蝴蝶，望帝春心托杜鵑。
>
> 滄海月明珠有淚，藍田日暖玉生煙。
>
> 此情可待成追憶，只是當時已惘然。

這首詩可以說是他的最富有代表的作品，在我看來也是對他自己一生總結的經典之作。我隱約地感覺到詩人似乎在追憶自己曾經那一段似水年華的愛情，以及那些辛酸的往事。

「虛負凌雲萬丈才，一生襟袍未曾開。」這恐怕是他一生最大的悲劇，或許正如他自己所說的那樣「古來才命兩相妨」。縱使一生從未放棄過為仕途而求索奔波，抑或早已註定了是個落寞的下場。

長安月下紅袖魂

——散記上官婉兒

上官婉兒，（664～710 年），唐代女官、女詩人、唐中宗昭容。陝州陝縣（今屬河南）人。上官儀的孫女。儀被殺後，其隨母鄭氏配入內庭。年十四，即為武則天掌文誥。唐中宗時，上官婉兒成為中宗後妃之一，被封為昭容，故又稱上官昭容。上官婉兒曾建議擴大書館，增設學士。代朝廷品評天下詩文，一時詞臣多集其門。臨淄王（即唐玄宗）起兵，與韋後同時被殺。後人稱其為「巾幗首相」。

一

很多時候，我實在忍不住想越過光陰歲月的束縛，直接跳到那個大唐盛世的時代，當著上官婉兒的面大吼：「妳一個美麗女子，為什麼要把自己的大好才情奢侈地浪費在毫無意義而且極度骯髒的政治追逐中？」可是我沒有這個機會，蒼茫的時間海洋扼殺了我和這位曠世才女直面交流的機會，滄海桑田，如今我也只有扼腕歎息的份，只有憤憤不平的份，只有疼愛無限抱怨塵世暴殄天物的份。不過疼終究是要疼的，對於後世有幸耳聞上官婉兒生平的惜才憐物之人，這種疼痛是早就註定了的。只是透過歷史的風塵，我們還是禁不住會問，一個風情萬種絕代才氣的絕優女子，如果不是生於一個在政治鬥爭中敗北的官宦巨室之家，如果沒有後來那麼多的名利誘惑和爭鬥的壓迫，上官婉兒是不是會成為一個如李清照般的

詩文女子，以歌賦而名傳後世呢？這種略帶自我安慰性質的叩問顯然微不足答，當然，也無法回答。因為歷史沒法假設，一切都已經是過往煙雲，上官婉兒帶血的人頭也已經懸空一千二百多年，她的名字已在歷代文人墨客的筆下幻化得支離破碎不可收拾。

我們無法假設，同時我們也無法釋懷，也無力原諒。無法釋懷和原諒的是隱藏在人性深處的那讓人悲哀的力量。正是這令人悲哀的力量捕捉和統治了上官婉兒，讓她無休無止地醉臥在大唐的盛世嘉年華的花叢中；也正是這令人悲哀的力量俘虜和蠱惑了上官婉兒，讓她虛榮而無法自拔地沉陷在爭鬥的扭曲快感中；也許也正是這令人悲哀的力量浸潤和鼓勵了上官婉兒，讓她以一個女人的身份遊弋在充斥著男權主宰主義的世界裏，她需要愛，同時也迫切地需要付出愛，只是這個世界太陰鬱了，男人們正忙於爭權奪利光宗耀祖，上官婉兒無處尋找能讓她甘願放逐終生的愛。整個世界都被遮蔽在傳說中的繁花似錦中，天地間充滿了光怪陸離的美麗氣球，有人看透了有人仍在看而已。也許還有仇恨，還有那被瞬間滅門的仇恨感，使她一輩子都處在有意的熾熱的報復之中，她恨弄權殺人的皇族權貴，她恨無情無義的風男色女，她恨那充滿慾望和扭曲的宮廷現實世界，她以女性獨有的纖細觸覺，接受和排遣著家仇族恨。同時更重要的也許還有忍辱，正如小說《上官婉兒》的作者趙玫說的：她忍受著做西台侍郎的祖父上官儀和父親上官庭之的被誅殺；忍受著和年輕的母親一道被趕進掖庭為奴；忍受著武則天在她的面頰刺上忤逆的墨蹟；忍受著愛而不能、空房獨守的女人的寂寞。婉兒便是在這不盡的忍中，才真正堪以大任的。

穿越歷史的迷霧，我們能夠看到上官婉優雅的身影和嬌美的面容，以及傳說中的兩眉之間的梅花刺青。而我最想看的卻是她的

手，我很想一睹她的雙手，修長也好圓潤也好，我很想看看這雙原
本屬於神聖文學的雙手，是怎麼撥弄宮廷權杖從而影響大唐歷史數
十年的，只是那該是一雙多麼溫柔而又充滿詩意表達的手：

> 葉下洞庭初，思君萬里餘。
> 露濃香被冷，月落錦屏虛。
> 欲奏江南曲，貪封薊北書。
> 書中無別意，惟悵久離居。

　　如果大家有所注意的話，在梁羽生所著小說《女帝奇英傳》中，
少女時代的上官婉兒一出場念的就是這首詩。傳說這首名為〈彩書
怨〉的詩為上官婉兒十多歲時的作品，其中滿含離情怨恨之感，甚
至有些人稱其含有怨婦般離愁別恨般的呻吟，可是年齡方才十多歲
的上官婉兒哪裡來的這些離別和怨恨呢？唯一的解釋在於，這怨恨
來自她飄零無依靠的身世，也來自她敏感而脆弱的天才天性，上官
婉兒是個被現實逼得早熟早慧的女子，她過早地經歷了生命的永恆
別離，也過早地體驗到了人與人之間的天淵差別。上官婉兒的一生
沉浮不定也屢經傷害，孤獨無援卻無法氣餒，她的堅持就是她的生
命，可是堅持需要勇氣，其正如該詩所隱約所傳遞的寓意，她一直
都在用表面上的鮮豔明媚來掩蓋內心的創傷，她懂得別離的痛和無
奈，可她沒有療傷的藥，她有的只是無邊無際的自憐和由此生出的
無邊無際的仇恨。

　　法國作家西蒙娜‧德‧波娃在《第二性》中曾言：女人不是天
生的。

　　是的，女人不是天生的，美麗而且詭異的女人更不是天生的。
上官婉兒其位比宰相，爵比公主的傳奇一生，縱千年過後，她那顧
盼神飛、文采風流的嫵媚形象還在塵世中流傳飛旋、不滅不息，並

且一如既往地以各不相同的形象流傳下去，為人謳歌讚美也罷，為人唾棄謾罵也罷，上官婉兒註定留名史冊。

上官婉兒生於西元 664 年，死於西元 710 年，在人生長卷上也僅僅翻過了四十六個頁面，一代名媛，一代紅顏，在無情的歲月流逝中曾絢麗地綻放過，也許於她已足夠了。那如飛花追逐流水的夢，也隨著金戈鐵馬、清吟短唱的遠去，早已流向了遠古，流向了天涯盡頭。

上官婉兒充滿傳奇色彩的命運，早在她未出生時就註定了。傳說其母鄭氏在生上官婉兒的前夕，曾夢到一個金甲神人贈大秤，上官家尋人解夢。解夢者云當得貴子，直言貴子可持此稱量天下也。上官婉兒的祖父上官儀聽了這個夢，當時就著實大吃了一驚，好大口氣呀！稱量天下，這豈不又是個頂天立地，能言定乾坤的大人物？當下就忍不住想：「難道我們上官家又要出宰相了嗎？」不過他們實在沒有想到，第二天呱呱墜地的卻是個女嬰。只不過上官儀怎麼也沒想到，正是這個女嬰，在未來數十年的大唐歷史天空上吞雲吐霧雄極八方。

說到上官婉兒，無論如何也是不能繞過她的祖父上官儀的。

上官儀，字遊韶，貞觀年間進士，唐太宗時入仕。唐高宗時供職門下省，頗受高宗的賞識，後來官至西台侍郎、同東西台三品。當時手握實權的武則天對唐王朝宮廷官制進行了改革，改門下省為東台，中書省為西台，尚書省為中台，上官儀身為西台侍郎，也算位列國相的高級臣子了。

需要注意的是，上官儀不僅是個高官，同時還是個很有名的詩人，在詩壇上絕對是出類拔萃的一位。以至於《全唐詩》載「太宗每屬文，遣儀視稿，私宴未嘗不預。」也就是說，唐太宗每每作文

章，都要上官儀來潤色提意見。《舊唐書》也有記載：上官儀「工五言，好以綺錯婉媚為本，儀既貴顯，故當時頗有學其體者，時人謂之上官體。」在初唐時代，上官儀的詩盛傳一時，為諸多文人所欣賞和模仿，儼然一代文壇領袖人物。

文人從政，歷來事倍功半，在關鍵時候，沉潛在文人身心深處的固執情感乃至迂腐性格總會惹來殺身之禍。上官儀運氣不佳，正好碰上了一個多事之秋，而且逢到的恰恰又是歷史上最為厲害的女人武則天，於是他頭上腦袋便著實不安全了起來，假如其時他是個善於審時度勢的人，也許能夠避禍，可他實在只是個封建傳統文人，文人的所謂忠誠和天真決定了他不可能逃過歷史的劫難。滅頂之災的到來，僅僅在那一瞬之間。《新唐書》中記載：

> 初，武后得志，遂牽制帝，專威福，帝不能堪。又引道士行厭勝，中人王伏勝發之。帝因大怒，將廢為庶人，召儀與議，儀曰：「皇后專恣，海內失望，宜廢之以順人心。」帝使草詔。左右奔告后，后自早訴，帝乃悔，及恐后怨恚，乃曰：「上官儀教我。」后由是深惡儀。

當時，武則天掌控大權，不僅統攬朝政飛揚跋扈，甚至連唐高宗李治也不放在眼中，高宗深感不安，意欲廢掉武則天的皇后之位，只不過這樣的事情必須找信得過的臣子來商量辦法。而放眼朝堂，高宗感到最能信得過的人莫過於上官儀了。於是，上官儀被唐高宗召了來，讓他起草廢掉武后的詔書，上官儀能得此厚遇，當然感激得涕淚滂沱，士為知己者死，何況這個知己乃是當今皇帝，於是心裏一橫，忽然就大義凜然得昏過了頭。只是武則天何等精明人物，她在宮內耳目極多，就在上官儀剛把詔書寫完，即將加蓋玉璽

的那一刻，武則天突然出現了。面對此景，作為皇帝的李治嚇得魂不附體，連忙胡亂搪塞：「朕無此心，皆上官儀教我。」這個怕老婆的李治，硬是昧著良心，說這全是上官儀的主意。於是上官儀當了冤大頭，沒多久武則天就誣指上官儀與廢太子李忠密通謀逆，以「離間二聖、無人臣禮」的罪名下獄，不久後就被殺了頭。武則天可能是太恨上官儀了，她不僅殺了上官儀，而且給了整個上官家抄家滅族的處置，上官儀及其子上官庭芝同時被處死，籍沒其家。也就是說，上官家男子殺無赦，女眷則統統自此為奴。

　　頗為有意思的是，當年唐高宗立武則天為后時，冊立的詔書恰恰也出自上官儀之手。大家知道，武則天乃是唐太宗李世民的妃子。按照倫理道德，武則天既然已經是唐太宗的遺孀，就不可能成為太宗的兒子，也就是高宗的老婆，要不這種行徑便顯得太悖逆和荒唐了。當時唐高宗迷戀和信任武則天，著意立其為后。立后乃是國之大事，就不能不考慮整個社會的綱常倫理，禮教規範，也必須堂而皇之一本正經。可是兒子「蒸」父親的女人（在古漢語中，以下姦上曰「蒸」），本身就與綱常不合，冊立武則天為后的詔書便顯得尤為難作。這個時候，正是上官儀出面為高宗擬寫的這個詔書。上官儀不愧是高手中的高手，大筆一揮，一篇詔書頃刻完成：

> 朕昔在儲貳，特荷先慈，常得侍從，弗離朝夕，宮壼之內，恒自飭躬，嬪嬙之間，未嘗忤目。聖情鑒悉，每垂賞歎，遂以武氏賜朕，事同政君，可立為皇后。

　　照詔書裏的這個說法，明顯的兒子娶了父親老婆的醜事，硬是被說成了光明正大的好事。父子共用一個女人的宮廷穢聞，竟然成為慈愛恩渥的舐犢佳話，「遂以武氏賜朕」，既然李世民早就將武則天賞賜給他，也就不存在「蒸」，不存在「以下姦上」上的道德問

題了。不僅如此，他還找到歷史上的先例，即漢宣帝就曾把內宮的王政君賜給太子，後來太子繼位為漢元帝，王也順理成章為皇后。於是，本是唐太宗的小妾，如今一下子就順理成章地成了唐高宗的皇后。

高宗冊封武則天為后要上官儀來草擬詔書，欲廢掉武則天的后位也上官儀來草擬詔書，可見其對上官儀的器重。前者發生在西元655年，後者則發生在西元664年，中間僅相隔9年時間。而對上官儀來說，前者讓他在武氏以皇后位掌權後的權力秩序中保持了暫時的穩定，後者則為他招來殺身之禍，以至滿門被斬。

上官儀被斬這個事情發生在唐高宗麟德元年，即西元664年的冬天。上官婉兒與母親鄭氏一同被籍沒入宮為奴，當時上官婉兒只是個尚在繈褓中的小小嬰兒。《舊唐書》對此記載：「婉兒時在繈褓，隨母配入掖庭。」掖庭，即所謂當時後宮，嬪妃宮女之住處，也經常被人們稱作後宮。

這一年，業已登上大唐權力實心頂峰且雄心勃勃的武則天41歲。

體弱多病的唐高宗李治37歲。

命運坎坷的章懷太子李賢10歲。

後來的唐中宗李顯9歲。

後來的唐睿宗李旦3歲。

……

二

上官婉兒的童年在苦澀和卑賤中度過，其具體細節我們無法得知，總之，在後宮中為奴的母親斷然無法給她更多的物質享受，

好在上官家族雖然倒了，可是它培積多年的高貴品質以及良好的家庭教育氛圍並沒有倒，當然也不可能倒。傳說其母鄭氏在宮內打掃御書房，每每趁著進出書房的機會，為女兒帶書換讀，婉兒天性聰慧，且喜愛讀書，加上出身良好的母親鄭氏的些微指點和不斷督促，婉兒很快就表現出了詩學的興趣和天分。上官婉兒的不幸在於，在她剛剛出生，上官家族就在政治鬥爭中作了無謂的犧牲，而她的幸運也同樣在於她出身於聲名顯赫而且素有文化教養的上官家族。上官婉兒之所以後來能成為享譽大唐的詩人，其母親鄭氏功不可沒，當初能夠嫁到上官家，鄭氏的出身和修養自然不會落於平凡，而家族已滅，人丁四散，鄭氏還能一如慣常那樣，在逆境和屈辱中引導和教育婉兒讀書寫字，其心志高潔當可見一斑。上官家的貴族品質，必須而且也只能由鄭氏來向女兒傳承和啟蒙了。

母親的啟蒙教育當然至關重要。

應該要說的是，唐朝女性地位高，女性的文化素養也相對較高。唐代有不少名流顯宦，早年都得力於母親的啟蒙教育，如《舊唐書》記載詩人元稹八歲喪父，其母鄭夫人為元稹親自授書，教之書學，使元稹九歲便能寫詩；如書法家顏真卿也是少年喪父，其母殷躬訓導；再如與李德裕、元稹同被譽為三俊的詩人李紳，也是「六歲而孤，母盧氏教以經文，元和初，登進士科，」；楊收七歲喪父，其母長孫夫人「親自教授，使其 26 歲一舉登第，官至刑部尚書、尚書右僕射。

我們完全可以想像，在大唐後宮的某個狹小的角落裏，鄭氏對上官婉兒諄諄教導時的良苦用心，其間可能有望女成鳳的期盼，有身為宮奴的不甘，然而更多的也許還應該含有某種不言而喻的憤恨和渴望，鄭氏一定會把上官家的遭遇告訴給婉兒聽，那

是傷痕也是教訓，是榮耀也是慘澹。這筆頗為悲壯悲涼的家族經歷，對上官婉兒的心性和人生觀念不無影響。繁華和凋零、富貴和貧賤、人上人和人下人的巨大落差對她的性格的塑造作用舉足輕重。塵世的變遷，生活的艱難，足以讓她對生命做出與常人不同的審視。上官婉兒在後宮的下人們中間長大，耳濡目染的儘是冰冷和殘酷的底層現世，而她的高貴血液卻處處在蠱惑和召喚著她，她註定要在夾縫中尋找出路，在矛盾中獲取意義。高貴和卑賤，優雅和庸俗，甚至仇恨和詛咒，必將永恆地交織在她的內心深處，終生刺激和壓抑著她。

在鄭氏的培養與教導下，聰明的上官婉兒茁壯成長。然而在寂寞陰暗的後宮之中，加上祖父上官儀的龐大陰影，上官婉兒如何才能出人頭地呢？身為奴婢且地位底下的孤兒寡母看來只能等待人生中的偶然機遇出現了。對於上婉兒來說，那能否到來的機遇將決定她是終老宮中，像一朵小花那樣自開自謝無人問津，還是走出這陰暗的囚籠去面臨更多的偶然。在此之前，她已經迎接了人生中的兩次重大偶然，第一就是祖父和父親的死，第二是她和母親竟然沒有被株連，僥倖活了下來。

生命中充滿偶然，有的偶然叫人活，叫你上天入地飄飄欲仙；而有的偶然則能叫人死，叫你人頭落地欲哭無淚。上官婉兒和鄭氏在淒風苦雨中等待著機遇的到來。

上蒼垂幸，機遇終於降臨到了上官婉兒頭上。

唐高宗鳳儀二年，也就是西元 677 年，武則天無意中看到上文中提過的那首〈彩書怨〉，武則天是個極度愛才之人，當聽太監們說該詩出自於上官婉兒之手時，欣喜不已，也頗有懷疑，於是命人傳召上官婉兒。武則天傳召上官婉兒的目的，不僅是有意見識這個十四歲的天才少女，還有考察和見證的另一層含意。

　　傳說武則天考驗上官婉兒是否名副其實，以室內剪綵花為題，讓她即興作出一首五律來，同時要用〈彩書怨〉同樣的韻。上官婉兒不卑不亢，略加凝思，便很快寫道：

　　　　密葉因栽吐，新花逐剪舒。
　　　　攀條雖不謬，摘蕊詎知虛。
　　　　春至由來發，秋還未肯疏。
　　　　借問桃將李，相亂欲何如？

　　只是最後這句「借問桃將李，想亂欲何如」，寫得有些不夠亮堂了，大家都知道武則天竊權於李唐天下，聰明無比的武則天自然一眼就看穿了上官婉兒的心思和用意。於是武則天裝作不解，問上官婉兒這句詩該作何解釋。

　　上官婉兒從容回答：「是說假的花，是以假亂真。」

　　武則天實在沒想到上官婉兒會這麼回答她，不過作為一代女強人，武則天的品位和心胸早就非凡人所能比。上官婉兒的從容對答，更多的是讓這位天后想到了自己的十四歲，而非生氣和處罰。眾所周知，武氏十四歲那年，唐太宗李世民得到了一匹烈馬，名叫獅子驄，其烈如猛獅，任誰也不能騎牠，連太宗皇帝亦不能駕馭之，其時剛入宮不久的武則天自告奮勇，對太宗說她能馴服此馬。縱橫天下的著名皇帝李世民笑問：「妳如何馴服？」武氏昂然答道：「臣妾只需三件東西，就可以駕馭牠。」李世民問：「哪三件東西？」武氏回答：「鐵鞭、鐵錘、匕首。」並繼而解釋：「馬不聽話，可用鐵鞭鞭打之；若仍不聽話，可用鐵錘錘打之；若兩樣皆難以成功，便只能以匕首刺殺之。」此話一出，不要說在場的文武大臣，連李世民也被驚得出了一身冷汗。如今上官婉兒的豪邁膽識，和當初武則天陳述馭馬之法時的大氣比起來，倒也有幾分相似，

一種近乎知己的親近感在武則天心中瞬間而生，這種感覺超越了君臣禮節和主奴界限，直接改變了上官婉兒的命運。當然了，這其中也有武則天的功利考慮，在武則天眼裏，一個自小就落於後宮奴婢群中、長於婦人之手的少女，就算對武則天懷有恨意，也只不過是磐石之下的一根小草。武則天沒有因這首詩而治上官婉兒的罪，反而決定將其留在身邊，作為貼身侍從，既可用其才，又可以其秀美資質壯女皇之威儀，同時還可以向天下顯示自己寬厚仁慈的胸懷。

武則天不僅下令免除了上官婉兒的奴婢身分，還讓其留在她身邊掌管宮中詔命，事實上也就是讓上官婉兒做了她的高級秘書。這對於上官婉兒來說，無異於天降祥雲，一步登天。說來也怪，人的命運的改變，往往就在那麼一剎那之間，不可預料，無法揣測。

後人每每無法理解上官婉兒甘願入宮服侍武則天，從而指責其遺忘家仇，事實上，上官婉兒當然不會不知道武則天是自己殺祖殺父的仇人。那麼，上官婉兒又怎麼能忘掉血海深仇，甘心為武氏所驅使呢？

有人認為，是武則天對才華的欣賞以及寬大胸懷感動了上官婉兒。

認真看來，這種觀點其實不堪一擊，著實過於一廂情願了。與其說上官婉兒是被感動，毋寧說是被逼迫，人世的滄桑變遷已在她心中種下了種子，她早就認識到了生命的弱小，在宮闈的權力鬥爭中，人的性命只不過是一粒塵土，一陣風都能把你吹向高空，讓你永遠無法回落大地。在生存面前，所謂的名節一文不值，忍辱方能負重。婉兒看透了本質，一切便都無所謂了。

上官婉兒的生命從此揭開了嶄新的華章。

　　第一個闖進上官婉兒生命中的男人名叫李賢。懷太子李賢為唐高宗李治的第六個兒子，也是武則天所生之次子，英明果敢，多智高才，在士人中有相當高的威望。武則天親生四子：長子李弘、次子李賢、三子李顯、四子李旦。長子李弘為皇太子，後因對武則天專權頗有意見，被武毒死，後才立李賢為太子。

　　上官婉兒初進王宮，除了做武則天的高級秘書之外，還是太子侍讀，她和李賢之間的懵懂情感大約就發生在這個時候。李賢溫文儒雅，才華出眾，很快就俘獲了情竇初開的上官婉兒；另一方面上官婉兒也才情過人，才貌俱佳，頗得李賢青睞。兩人一見鍾情，互生好意。只是在大唐宮廷內，個人感情實在微不足道，愛情註定只是個遙遠的童話。

　　後來唐高宗和武則天移居洛陽，令李賢在長安監國，可誰知翌年武則天的寵臣明崇儼被強盜所殺，武則天懷疑這是李賢主使的，於是大索盜犯，卻數月沒有結果。於是武則天召李賢至洛陽，派遣人去東宮秘密搜查，竟在東宮查得造甲數百具，然後又讓一個叫作趙道生的東宮下人誣告李賢，硬是把明崇儼被殺之案加了在了李賢身上。武則天於是打算把兒子李賢置於死地。只是後來多虧心軟的唐高宗斡旋，才落了個流放巴州的處置。

　　巴州在哪裡？

　　巴州在蜀地四川，此去千里，翻山越嶺，孤獨無援。

　　皇命難違，李賢不得不即刻上路，遠赴巴州。

　　只是誰也沒想到，李賢此去巴州，卻是他和上官婉兒的永訣。李賢的遠走過早地結束了婉兒那哀惋淒美的初戀，也給婉兒原本就堅硬的心靈上烙下了愛的傷疤。傳說中的愛情，很快就被現實碾得粉碎，飄散得無蹤無影不可追尋。也許只有夜深人靜的時候，婉兒才會流下黯然的淚水，為自己深愛過的李賢在心裏祭奠，斷

腸人在天涯，只是這份愁怨如此無奈，她在後宮的冰冷中南望巴州，不斷吟唱著李賢所寫的那首〈黃台瓜辭〉：「種瓜黃台下，瓜熟子離離。一摘使瓜好，再摘使瓜稀，三摘尚自可，摘絕抱蔓歸。」其情何堪？其情何以堪？這就是政治，是你死我活的權力爭鬥，你李賢生於皇家長於皇家，這流放這失敗甚至那殘殺是早就天生註定了的，你對抗不了，逃避不得，失敗不起。

值得一說的是，李賢被流放巴州的皇命詔書，正是出自上官婉兒之手：太子懷逆，廢為庶民，流放巴州。閉上眼睛我們也能想像在那一刻，上官婉兒捉拿御筆的雙手顫抖的該有多麼厲害呀。在這一刻，一定有一滴晶瑩的眼淚落在黃色聖諭上，慢慢洇開，永不消散。生死相隔的局面，自此已成定局。

光宅元年，即西元 684 年，也就是李賢被貶巴州後的第三年的正月，武則天派左金吾將軍丘神績到巴州監視李賢，結果丘神績到巴州後竟然命令李賢自殺。為此，武則天也曾假仁假義地降罪於丘神績，將其貶為疊州刺史。並在四月十五日為李賢舉哀於顯福門，次日追封李賢為雍王。只是武則天太假了，假得似乎已經不在意天下眾人的眼睛，過了不久她便把丘神績召了回去，重新封其為左金吾將軍。

武則天不愧是武則天，死個兒子，連眼睛都不眨一下。

只是李賢得離去和死亡，在婉兒心上留下的傷疤太深了，婉兒本來就是個在薄情掖庭長大的姑娘，對愛情從來不做過多奢望。初愛的殘酷遭遇，使她變成了一個徹底的「反愛」主義者。望著李賢遠去的背影，上官婉兒的內心第一次也是最後一次體驗到了空無和飄蕩。那是一個多麼孤獨而完美的背影，充滿淒涼，卻無人可代。正如春日落紅，已然飄散，卻讓人生出無限哀思無限眷念。終其一生，在上官婉兒的心中，再也無法真正接受和容納別的男人。正如

有人所言：愛情在政治的鐵蹄面前顯得如此微不足道，隨著青春的逝去，上官婉兒的心變得越來越堅硬。以後歲月，她與大權在握的武三思、外貌俊美內心齷齪的崔湜，和復位後的中宗的種種關係，事實上已經不再有純粹愛情的成分，而更多的地夾雜了生存的無奈以及政治的權衡。

被愛傷了心的女人，再也不願意涉足愛河。

三

舊太子李賢被廢的後的第二天，武則天推出了他的第三個兒子李顯，立其為太子，改元永隆，大赦天下。

李顯親眼目睹了兩個兄長的下場，深怕同樣的命運會降臨到自己頭上，因而在執掌朝政的母親武則天面前恭恭敬敬，小心翼翼，這種態度果然奏效，他的太子算是做得比較穩當了。開耀二年（西元 682 年）正月，李顯的長子李重潤出生，武則天還破天荒地提議高宗立這位繈褓中的孫子為皇太孫。這一切說明李顯的謹小慎微收到了預期的效果，武則天對他還算滿意。西元 683 年十二月，唐高宗李治在洛陽駕崩，遺詔中令太子李顯柩前即位，於是李顯登上帝位，即歷史上的唐中宗。李顯因此成為武則天的兒子中第一個順利即位的皇太子。然而李顯即位後卻一反常態，這位二十七歲的壯年天子似乎頗有野心，只是這個有野心的君王實在有勇無謀，他在即位僅一個月時，便欲以岳父韋玄貞為侍中。宰相裴炎固爭以為不可，李顯竟然大怒說：「我以天下與韋玄貞何不可！而惜一侍中邪？」裴炎以此告知武則天。於是第二天，假稱退居幕後的武太后重新站回了舞臺的中央，欲廢除中宗帝位，其理由為：新帝失德。李顯很顯然沒有想到事情會弄成這樣，還懵懂地不知道自己失德在

哪裡。武后一聲厲喝：「你要把天下讓給韋某，還不是失德嗎？」武則天這句話的力量太大了，當時就嚇得李顯大汗淋漓，驟然無語。其後，武則天命人勒兵入宮，將中宗廢為盧陵王，不久後又發配他到均州，旋即又轉其到了房州。可憐李顯在皇帝寶座上才坐了兩個月餘，軟榻尚未暖熱，就被趕出京都了。

此後，李顯的弟弟，也就時武則天所生的第四子李旦登基，是為唐睿宗。李旦是個聰明人，他登基後根本就不上朝聽政，且極力主張武則天以太后身份臨朝稱制。到後來他乾脆地下了一道旨，把皇權全部委託給了母親管理。李旦無數次懇求讓權，其情感天動敵，最終武則天也就只好半推半就地笑納了兒子的孝心。

在大唐的歷史上，西元 684 年絕對是個多事之秋，廢中宗，立睿宗，章懷太子李賢自殺，另外，還有那著名的徐敬業兵亂。徐敬業是隋唐大將李世勣的孫子，該年九月，他以擁戴盧陵王為名，在揚州聚眾十餘萬發動叛亂，要脅武則天讓位。這次叛亂因為駱賓王的參加而名氣甚大。只是秀才造反，三年不成，這次叛亂很快就被武則天發兵三十萬平息，前後僅用了四十天。最後徐敬業兵敗逃亡，逃往路上被部將王那相殺死邀功。自此開始，李唐天下已經幾乎盡歸武則天之手，武氏登基稱帝，只是遲早的事情。

西元 689 年正月初一，武則天終於親登帝位，自稱聖神皇帝，自名曌，改元永昌，並廢唐祚於一旦，改國號為周。這一年，武則天六十六歲，而上官婉兒，則剛好二十六歲。女皇開始她輝煌的帝業。上官婉兒則開始了實際上的「巾幗首相」生涯，作為武則天的近身秘書以及高級顧問，武則天對她的倚重和信任是不言而喻的，上官婉兒也從此逐漸成為武氏政治集團中的重要一員，直至後來參決百表奏，成為武則天的心腹，上官婉兒迅速成為大唐天空上的一顆政治明星。只是我真不知道是該為她高興還是悲哀。自古善泳水

者溺於水，多陰謀者喪於謀，才華橫溢的上官婉兒，這一刻也許還未能真正看透世間玄妙和人情冷暖。

世人都知上官婉兒額上有朵紅梅花，很多野史小說中甚至美其名曰為紅梅妝。《舊唐書》言：「則天時，婉兒忤旨當誅，則天惜其才不殺，但而已。」關於忤逆當誅，卻又未殺的原因，傳統史書上並沒有說明，野史傳說大概有兩個版本。

第一個流行版本為，武則天的男寵薛懷義被武氏厭棄，薛懷義深感失落，某月某日祈求再見女皇，可是婉兒卻不與通報，將這失寵的帥哥面首拒之門外。一向受寵的薛懷義一氣之下，竟放大火燒了他為女皇設計建造的明堂。武則天知道後大怒，認為是上官婉兒逼薛懷義放火，於是判了她個黥面之刑。

第二個版本也和武則天的男寵有關，這個男寵叫張昌宗，其姿容秀美，很有詩才，據說婉兒曾與張昌宗曾私相調謔，被武則天看見，武則天盛怒之下拔取金刀，刺向上官婉兒的前髻，傷到了左額。虧得張昌宗替她跪求，才得赦免。

這兩個流傳版本各有出入，卻有一個共同的結果，那就是上官婉兒額上有了條傷痕，不過婉兒何等聰明何等愛美的女子，為了掩飾額上傷疤，她在傷疤處刺了一朵紅色的梅花，這朵梅花刺得恰到好處，不僅蓋了疤痕，而且多了嬌媚之態。當時的宮女們皆以此為美，人們紛紛模仿，偷偷以胭脂在前額點紅效仿，漸漸地宮中便有了這種紅梅妝。

從中我們可以看出兩個事實：一，武則天極其在意和寵愛自己的面首，這不僅是她的生活方式，同時也是她對這個世界的示威方式，武則天半生逢迎皇族李家，受盡各種磨難煎熬，她需要一種方式來展示自己的勝利和威望；二，在武則天眼裏，此刻的上官婉兒

還沒有像後人傳說那樣成為多麼重要的角色，她僅僅只是個高級侍臣而已。事實上，武則天真正開始重用上官婉兒，卻要到西元696年，《新唐書》記：自通天（作者注：武則天此年改元萬歲通天，大赦天下）以來，內掌詔命，掞麗可觀。這一年婉兒三十二歲，距離她正式進宮起，武則天足足考驗了她十八年。約莫在這個時候，武則天委派婉兒和其侄子伍三思共修周史，為其歌功頌德，武氏周朝剛剛建立，急需代言立傳，這可是個很重要的工作。與此同時，武則天還將上官婉兒賜配給了武三思，儼然把她看作了自己人，著意加以培養和照顧。只是歲月匆匆韶華不休，女強人武則天的生命終究要流向天國。

西元705年，值得一提。

正月二十二日，大臣張柬之等殺張宗昌、張易之，進至女皇寢宮，逼女皇讓位；二十三日，女皇令李顯監國；二十四日，女皇傳位於李顯；二十五日，李顯即帝位。（注：在此之前的，年邁的武則天也許已經深感她的周朝風雨飄搖無以為繼，讓人把先前的中宗李顯從流放地召回，復立為太子。）

二月初四，李顯復國號為唐，武氏王朝宣告覆滅。

五月初四，李顯封張柬之等五人為王，降武氏諸王為公。

十一月二十六日，武則天以八十二歲高齡病逝，遺詔去帝號、與高宗合陵、立無字碑。

……

歷史滄海桑田風雲際會，只是上官婉兒經過多年磨練，早已能看透世相掌握自己了。在武則天歸天的那一刻，唯一守在她身邊的上官婉兒內心也許曾經悲涼和悽楚過，這天下世上，任你多麼能翻雲覆雨的人物，也逃不過命運的終結。人沒有永恆，只有過去，那麼多辛勤勞苦，那麼多勾心鬥角，那麼多人頭落地，追

求的無非是個虛幻的過往，那些愛恨和恩怨，註定是要被時間碾得碎碎的。

只是，人在江湖，身不由己。上官婉兒已經實在難以脫身，李唐天下的新主人李顯不准她離開，胸懷野心的皇后韋氏不准她離開，那個隨著武則天的逝世而失去靠山的武三思不准她離開，手握重權且不甘墜落的太平公主不准她離開。那是一次嚴密的沒有退路的角逐，上官婉兒站在場子中央，茫然四顧，她需要面對的不僅是殘酷的生存法則，還有那多無情也多無形的誘惑與蠱惑，這蠱惑從她十四歲那年開始就滲入了她的血液，以物質之外的形式存在著。在這一刻，上官婉兒不單單是女人、是女官、是嬪妃，除此之外她還是一個地地道道的文人，她有文人的敏感和脆弱，可是在那到處充滿堅硬的皇宮後院，她的脆弱無法呈現，也不能呈現。

西元 708 年，唐中宗李顯封上官婉兒為昭容。這昭容是宮中的官職，宮中官位有十四品：高低依次為昭儀、昭容、昭華、保香、保芳、保衣、安宸、安蹕、安情、修容、修媛、修娟等，秩比公卿士大夫。而在上官婉兒的那時候，還有個特殊情況，當時的女皇帝武則天當年就是昭儀，所以昭儀這個封號暫時就不能再用，昭容已是宮中職位的極品了。除了封婉兒昭容，李治海並封婉兒母親鄭氏為沛國夫人，再然後又令婉兒專掌起草詔令。從此開始，她又成了李治的專職高級秘書。

李顯為何會如此厚待上官婉兒？有許多人認為，李顯早在被流放前就對婉兒就愛慕婉兒才情，被其聰慧和高貴品質所打動，登基後自然近水樓臺先得月，納了婉兒進後宮，完成了多年心願。也有不少人認為，婉兒侍奉武則天多年，對朝堂上下、官場內外的派系內幕了若自掌，同時她熟稔各種官樣文書，缺乏政治經驗的李顯當然離不開她。還有第三種說法，那就是說李顯之所以能被武則天重

新召回，其雖然為丞相狄仁傑向武則天建議，但這中間也著實有上官婉兒的功勞，李顯知恩圖報，且也看出婉兒也是站在李唐戰壕裏的盟友，所以當然要重用婉兒了。

以上原因種種，誰重誰輕孰主孰次，說者各有說法，在這裏我們無須探討哪個原因更為重要，我們只需要知道一個事實，那就是上官婉兒並沒有隨著武則天的歸去而淡出權力宮廷，不僅沒有，反而其勢更隆，並最終得以真正地秉國權衡、參與朝政，在那個位同宰相、爵同諸王的昭容封號下，得心應手地在幕後操縱著整個唐王朝的命運和走向。不僅如此，上官婉兒還充分運用她的身份影響和地位權力，擴建書館，廣納文士，正如《新唐書》言：「婉兒勸帝侈大書館，增學士員，引大臣名儒充選。」另外《舊唐書；上昭容傳》也有載：「婉兒常勸廣置昭文學士，盛引當朝詞學之臣，數賜遊宴，賦詩唱和。」

對於婉兒的文學貢獻，《新唐書》有評價說：「婉兒常代帝及后、長寧安樂二主，眾篇並作，而采麗益新。又差第群臣所賦，賜金爵，故朝廷靡然成風。當時屬辭者，大抵雖浮靡，然所得皆有可觀，婉兒力也。」在上官婉兒的直接努力和鼓勵下，當時官場儒林，刮起了一股尚文弄詩的大潮。「長安春色誰為主，古來盡屬紅樓女。」和她的祖父上官儀一樣，上官婉兒成了當時的文壇領袖級人物，其勢如日中天，達到了她平生權勢的最頂點，出則謀決軍國大事，入則左右文壇盛況，正如那個小詩人崔湜讚美她所寫詩句：「席臨天女貴，杯接近臣歡。」

這一年婉兒母親鄭氏病逝，皇帝李顯諡其義節夫人，喪事葬禮極盡奢華光榮。與此同時，李顯還親自安排人為婉兒在長安東南側修建了一座異常豪華的住宅，要知道上官婉兒本人可是李顯的后妃，按道理是應該住在後宮的，可是作為皇帝窩囊無能的李顯，其

對婉兒的優厚和寬容，卻是超越了狹隘的男人與女人、甚至丈夫和妻子之間的世俗倫理，他不僅允許婉兒能隨意出入宮闈，而且對她的個人生活鮮有過問，給她最大最寬的自由，允許她拋頭露面，允許她私交朋友，允許她廣招文客，這裏面的原因，除了有人們通常所說的李顯愚鈍忠厚之外，恐怕更多的還有李顯對婉兒的敬仰和尊重。諸多隆恩寵幸，都加在了婉兒身上，而那個野心勃勃而又缺乏政治資質的韋后，更是少不了婉兒的點撥和支撐，所以對婉兒也是百般信任與倚重。

應該說，這個時期的上官婉兒身處極榮，心境豁達平曠，雖然偶有感傷，卻也有胸懷天下的大豪氣。試看這首〈駕幸新豐溫泉宮獻詩三首〉：

> 三冬季月景龍年，萬乘觀風出灞川。
> 遙看電躍龍為馬，回矚霜原玉作田。
> 鸞旂掣曳拂空回，羽騎驂驔躡景來。
> 隱隱驪山雲外聳，迢迢御帳日邊開。
> 翠幕珠幃敞月營，金罍玉斝泛蘭英。
> 歲歲年年常扈蹕，長長久久樂升平。

這首詩為上官婉兒在西元 709 年游驪山時所寫，寫出了她希望安享太平，歲歲年年不再有殺伐和爭鬥的美好心願。從中我們不難看出，上官婉兒的目光是面向普天下的大地和人民的，不僅憂國患民，而且意氣風發。

當年鄭氏那個要桿秤稱量天下的夢，就算沒有完全實現，當也算實現了一大半，只是我們無法得知躺在冰冷地下的上官儀、上官庭芝父子會作何感想，是欣慰還是焦慮？是坦然還是擔憂？我們都不得而知。

四

那個時候真是太亂了，亂得讓人真是有些難辨東西。且讓我們揀些最主要的簡單說來。

整個事情還得從唐中宗李顯說起，李顯半生顛沛流離，過著朝不保夕的日子，養成了一副前怕狼、後怕虎的柔弱性格。早在被流放房州的十八年期間，李顯時刻害怕自己會像兩個兄長那樣被母親武則天所殺，終日憂慮無常，萬念俱灰，不過幸虧有皇后韋氏。這個韋氏是個屬害角色，無論毅力和意志力都比李顯強，每當李顯心露懦弱歎息不止時，韋氏便在旁邊大聲斥責他沒有出息，等訓斥完了，又慢慢勸解和鼓勵他堅持下去。這樣時間一長，李顯明顯地對韋氏產生了嚴重的依賴感，及至後來重新登基後，被韋皇后管制便成了很順理成章的事，李顯的這一特點和他的父親李治有些相似。而韋氏則一心想學婆婆武則天的樣子，妄圖把持朝綱，企圖重造女人天下的威風。在韋皇后的安排下，韋氏家族的很多子弟進入朝廷做官，其堂兄韋溫坐上了禮部尚書的顯位。與此同時，韋氏還尋找到了另外一個政治也是生活上的盟友：武三思。

武三思是個奸詐小人，他靠武則天起家，武則天死後，他轉而投靠皇后韋氏。武三思向韋氏靠攏有三個優勢條件：第一個條件是，備受中宗和韋氏疼愛的安樂公主被武則天做主嫁給了武三思的兒子武崇訓，武三思和韋氏乃是兒女親家；第二個條件是，雖然武則天逝世，但是武氏一族在朝中的勢力還有很大，韋氏想要統攬朝政，以武三思為代表的武氏勢力不可小覷；第三個條件和上官婉兒略有關係，前文曾說，武則天早先把上官婉兒許配給了武三思，只不過後來中宗李顯看重婉兒，武三思也只好讓賢，但是這並不妨礙

婉兒和武三思的交往，在婉兒的引薦下，皇后韋氏很快就結識了武三思。

野史傳說武三思和韋后之間關係曖昧，其曖昧關係在宮中幾乎無人不知，無人不曉，只是中宗李顯本人對武三思卻毫不介意，他不僅不介意，而且還把武三思引為知己，視為心腹，傳說武三思常來宮中見駕，和韋皇后在床上下棋，而李顯便在一邊觀看，絲毫沒有君臣之禮。從中我們可見武三思的政治能量和地位。後來武三思仗勢橫行，在韋氏的支持和皇帝老兒的漠視之下，排除異己，扶持黨羽，一時間權傾朝野，手遮天下。

還有一個不可繞過的重要人物是安樂公主。先前李顯被貶為盧陵王時，在押送到房州途中，韋氏生下一女。因為當時處境艱難，李顯身邊連包嬰兒的布片都沒有，於是他只好將自身穿的衣服脫下來包裹嬰兒，所以給孩子起名裹兒。這個李裹兒就是後來的安樂公主。因為生於憂患之時，李顯夫婦覺得孩子命苦，所以特別溺愛，視為掌上明珠。溺愛的結果歷來不會理想，安樂公主仗著有皇帝皇后寵愛，驕橫任性，橫行前堂後宮，素無忌憚。如果說僅僅止於這些也倒罷了，一國公主金枝玉葉，難免有些壞脾氣，可是安樂公主除了脾氣不好，她還有比其母親韋氏更大的政治胃口，她不僅頻繁參與朝政，更是涉足賣官鬻爵行列，最後竟然異想天開地要做前無古人後無來者的「皇太女」，以圖繼承皇位。好在李顯還沒有完全糊塗，沒有答應這個頗具創造性的好笑要求。安樂公主早被嬌慣和寵愛壓壞了腦子，看到做「皇太女」的提議被李顯否決，便立即把仇恨的目光投向了當時的太子李重俊，她和自己的丈夫、也就是駙馬爺武崇訓想方設法羞辱太子，甚至當面直呼李重俊為奴，以逼其自動投降，交出太子之位。安樂公主李裹兒太驕傲了也太無知了，她怎麼也不知道世上還有句

話叫做士可殺而不可辱，大唐太子李重俊終於憤怒了，大事隨之發生。

神龍三年，即西元 707 年七月某一天的半夜，在右羽林將軍的支持下，李重俊領兵政變，他先是攻入武三思宅院，殺武三思及駙馬武崇訓，然後又率兵進攻後宮，想一舉殺掉韋氏和安樂公主。當時中宗與韋氏、上官婉兒以及安樂公主等人夜宴方罷，忽然聽說太子謀反，連忙逃向玄武門上的門樓上，沒過多久，太子就帶兵到了玄武門下。對於這次李重俊政變，《資治通鑑》有著較為詳細的記載，在這裏我們只須引用一句話：「太子與多祚引兵自肅章門斬關而入，叩閣索上官婕妤。」從這一句話我們就能看出，李重俊註定是要失敗的，他很顯然沒有弄清楚上官婉兒在李顯和韋氏心目中的地位，更沒有弄清楚上官婉兒的智慧和勇氣，遠在他和他的幕僚之上。上官婉兒只消一個字：「賞」，就能擺平太子手下的烏合之眾。李顯採納了上官婉兒的主意，下詔重賞殺掉太子的人。結果只在頃刻之間，太子就被倒戈的將士們亂刀砍死。

亂世太亂，人心更亂。

亂世叢林中，上官婉兒迎來了她生命中的最後一個男人：崔湜。有情也好，無情也罷，和章懷太子李賢的愛情輓歌是上官婉兒參透人生的代價，那無疾而終的情感過早地渣乾了她對情感的信任和依戀，只是作為一個有血有肉的女人，婉兒不可能完全喪失對愛的渴求，儘管這渴求可能委婉而含蓄，細若游絲，影影綽綽，作為後來人，我們多麼希望崔湜的出現，能夠給生逢亂世而又身在漩渦中央的上官婉兒哪怕一絲溫暖和撫慰。

剛開始的時候，事情也許正如我們希望的這樣，這個崔湜倒也有幾分才華，吟詩作賦也很有一套，事實上起先他正是透過詩歌和

文壇領袖上官婉兒搭上關係的。才子佳人，終究容易結伴而行，史傳他們經常在婉兒的私宅裏以詩相合，吟詩作對，好不快哉。透過詩詞吟唱，上官婉兒和崔湜迅速走到了一起。婉兒寂寞太久，孤獨太久，也壓抑了太久，崔湜為她創造了迎接新生活的無限可能性。

只是崔湜這個小男人，他也是個小人。崔湜要的不是什麼愛情，也不是什麼詩歌，和所有世俗男人一樣，他要的是官，是金錢和地位。所以沒多久，崔湜就跑了，不過他沒跑遠，他奔跑的目的地是太平公主的床榻。野史傳上官婉兒因為崔湜和太平公主關係緊張，對此我們不妨啞然一笑，上官婉兒平生奔走於名利官場，閱歷多少無心人和偽君子，一個崔湜，斷然是不會讓她如此動怒的。因為，比所謂的感情更重要的是生存。不過婉兒的落寞和傷心是難免的，她最後一次體驗到了情這種東西怎樣地脆弱怎樣地不堪一擊，她沒有任何理由再眷戀那堪稱愛的往事。她要隱退，想躲避，縱然稱量天下又能怎麼樣？歸根結底你稱量的還是皇家的天下，是人家李顯、韋氏、太平公主、甚至李裹兒的天下，到最後你連個像樣的男人都挽留不住。人世太亂，一個小小崔湜註定無法安靜，更無法給婉兒想要的安寧小愛。亂世無愛，亂世也無法愛。

亂，繼續亂。

西元 710 年，一切都將亂到極點。

正月，中宗與韋氏微行觀燈於市里，並縱宮女數千人出宮，大多數宮女後來未歸。

四月，定州人郎岌上書：「韋后將為逆亂。」韋氏憤怒，杖殺郎岌。

五月，許州司馬參軍燕欽融再上書：「皇后淫亂，干預國政，圖危宗社。」

韋氏野心不減，打算背水一戰。五月底，她竟指使人將毒藥放進李顯喜歡吃的餡餅裏，當場毒死這個和她曾經生死與共的皇帝。接下來的事情就有些晃眼了：

六月初二，韋后發五萬府兵屯駐京城，各路統領皆為韋姓。

六月初三，韋后告知天下人中宗晏駕，並立溫王李重茂為皇太子，皇后臨朝執政，相王李旦參決政事。

六月初四，宰相宗楚客及韋氏兄韋溫等率眾上表，奏請由韋氏專決政事，罷相王參政之權。

六月初五，中宗李顯靈柩遷至太極殿，集百官發喪。李重茂為殤帝，改元唐隆，韋后臨朝稱制。

韋氏做著一個天大的美夢，她像武則天那樣建立新朝，御駕天下。只不過韋氏太貪婪也太愚蠢，她沒有武則天的大氣和智慧，另外她的運氣也不夠好，她碰到的對手是那個意氣風發的李隆基。

報應很快到來。

六月二十日，臨淄王李隆基領「萬騎」身著便服，潛入禁苑，斬殺了掌管皇家軍隊的所有韋氏黨羽，並當眾宣告：韋氏毒死先帝，謀危社稷，今夕當共誅諸韋，身高有馬鞭長者皆殺之。立相王為帝以安天下。敢有反對者將罪及三族。

於是，韋氏人頭落地。

安樂公主人頭落地。

所有韋氏黨羽皆人頭落地。

最後，李隆基的部下劉幽求帶兵包圍了上官婉兒府宅。對於大量兵勇的突然而至，上官婉兒是有心理準備的，彼時之前，她早就化妝更衣，令宮女排列整齊，秉燭於旗下迎接劉幽求。上官婉兒是從容的，從容得讓人看不出一絲慌亂和膽怯，也許她根本就沒想到李隆基會要殺自己。上官婉兒的從容顯示了她內心的磊落，這份磊

落當時就感動了劉幽求，以至於劉幽求不僅沒有殺她，反而代她向李隆基求情。只不過李隆基沒有答應劉幽求的求情，他實在受夠了女人們的氣。

按道理說，李隆基要殺的是心懷鬼胎且毒死李顯的韋氏以及安樂公主，上官婉兒只是個臣子，武則天做皇帝的時候她是臣子，李顯做皇帝的時候她也是臣子，奪權陰謀和她無關，如果說實在有不應該做的，那就是上官婉兒太精明了，上官婉兒她站的位置太顯眼了，顯眼得天下人稍一抬頭就能望到。

一個女人妳為什麼要站得那麼高？李唐天下的男人們早就受夠了女人的氣，有一個武則天已經足以讓他們無地自容了，何況後面還有韋氏、太平公主和安樂公主。這些女人一個個爬在男人頭上，叫男人們怎麼能夠長久地忍受？經過長期的女人天下的雌性威嚴之後，男人們是無論如何也是要為自己的找回尊嚴的。所以，上官婉兒的死是不能逃避的，哪怕你有一千個理由可以活，可同時有一千零一個理由要你死。上官婉兒不是死於政治，也不是死於陰謀，她死於普天下男人們的憤怒和嫉妒。

男權世界裏，上官婉兒妳做個賢妻良母多好，哪怕做個略有才情，僅僅習文弄墨的女子也好，可妳為什麼不僅要能寫詩，還要長久地位居皇權中央位置呢？在那最後時刻，妳對面的敵人已經超越了政治派別，妳面對的是整個男人強權，是男人們的自尊和自卑。所以，妳必須死，哪怕妳死後，男人們再用他們的方式讚美妳和撫慰妳。

上官婉兒終於死在了刀下，男人們的刀下。

這一年，她四十六歲。

開元元年，也就是上官婉兒死後的第三年，李隆基讓人搜集上官婉兒詩作，撰成《唐昭容上氏文集》二十卷，並令當時大文豪張

說為之序。張在序文中對上官婉兒的詩文才華作了高度評價：「明淑挺生，才華絕代。敏識聰聽，探微鏡理，開卷海納，宛若前聞。搖筆雲飛，咸同宿構。」極盡讚美和誇獎。

看看，「明淑挺生，才華絕代。」多高的評價，只是真不知道失去了頭顱的上官婉兒能否聽到這後世的讚揚。

李隆基終究以這種方式表達了自己的歉意！

哎，不可說，不可說。

抑或，像張愛玲說的那樣：真是說不盡的蒼涼。

此情無計可消除

——李清照

李清照（1084-1155），號易安居士，南宋傑出文學家，山東濟南人，生於北宋元封七年，山東章丘人，逝於臨安，享年七十二歲。歷史上與濟南歷城人辛棄疾並稱「濟南二安」。其父李格非是北宋著名的學者和散文家，幼承家學，早有才名。以詞著名，兼工詩文，並著有詞論，在中史上享有崇高聲譽。

一

北宋元豐七年的某個傍晚，一個女嬰高亢的啼哭聲劃破了濟南章丘李府的寧靜，這聲啼哭同時劃破了北宋帝國乃至中華文學的天空，它堅硬而嘹亮地刺破了亂世家國的迷夢，穿過漆黑的夜晚不休不散。我們完全可以設想當時的情景，偌大的李家上下一片歡騰，主僕奔相走告不亦樂乎。李府年輕的主人李格非也許剛從公差案牘的勞形中獲釋，他的轎子恰好進入府門，高大厚實的木門發出嘎吱嘎吱的聲響，與此同時他聽到下人們的腳步淩亂而有力，他揉了揉疲憊的太陽穴正欲做休息，就在這時他聽到了嬰兒的哭聲。

李格非的神情為之一振，他忍不住朝產房望去，在那裏燈火通明人來人往，有下人匆忙走來，興奮地向他道喜：「老爺，是個千金。」

這個千金就是李清照。一代曼妙才女李清照！

她讓我想起了：

> 清光照酒酣，俯傾百慮無。

她讓我想起了：

> 難成夢境羨明月，夜夜清光照女牆。

她還讓我想起了：

> 虧蟾便是陳宮鏡，莫吐清光照別離。

也許是出於對自己漫漫今生的某種感應，繈褓中的李清照哭聲震天，是宣告還是抗爭的哭泣？是清麗還是婉約的唱詞？抑或，是堅韌倔強的呼喊！

讓我們記住這一年：北宋元豐七年。

這一年，按照西元年法，是 1084 年。

正是在這一年，宋神宗駕崩，新皇帝登基，而新皇帝趙煦年僅九歲，於是不得不由其祖母高太后攝政。

正是在這一年，歷經十九年的嘔心瀝血，司馬光彪炳千秋的煌煌史書巨著《資治通鑑》修纂結束大功告成，共上下一千三百六十二年的歷史，分為二百九十四卷，共計三百多萬字。

也正是在這一年，被貶官的大文豪蘇東坡從黃州赴任汝州，途經廬山時，他的腳步已經疲勞不堪，於是他決定上山看看，終年疲於奔命在沉浮宦海中的蘇東坡太過於困倦了，他遠離大自然太久了，官場與人生的陰晴圓缺使得他斑白如雪而又無可奈何，因為長途的跋涉和旅途的勞頓，他與愛妾王朝雲所生幼子蘇遁剛

剛在不久前因病夭折，他的脆弱之心被雄奇瑰麗的盧山所俘虜，當即決定暢遊十日。在這裏，蘇東坡以大家的智慧揮毫寫下了被傳誦千古的詩句：

〈題西林壁〉
橫看成嶺側成峰
遠近高低各不同
不識盧山真面目
只緣身在此山中

而也正是這一年，宋王朝另一位大人物王安石已年逾花甲，早被罷相在家，大病初癒的他頗有看破塵世之動作，他向皇帝上奏，將自己經營多年的半山園宅子捐出為僧寺，從此半山園就改名半山寺了，他一家老小則在江寧府城內的秦淮河畔租房居住。在這個租來的簡樸的院落裏，王安石接待了前不久剛走下盧山，路過金陵的蘇東坡。關於這兩位政見素來不和的大人物的會面，有人為我們做了如下描述：

王安石身穿粗布服飾，不用僕人，親自騎毛驢到江邊迎接。蘇東坡也不穿官服來候，兩人見面哈哈大笑，東坡說：「今日我敢以「野服見大丞相」。王安石則笑著回答：「禮豈為我輩設哉！」倆人攜手同遊金陵的山水名勝，同桌品茗，揮毫潑墨，為文賦詩。

這一年王安石六十四歲，而蘇東坡四十八歲，完全可以想見，寂寞的王安石和同樣寂寞的蘇東坡的惺惺相惜之情，然而他們畢竟是政治人物，所以在文人固有的烹茶吟詩之外，社稷民生仍是他們談話的重點。

史書有這樣的記載：

> 道過金陵，見王安石，曰：「大兵大獄，漢、唐滅亡
> 之兆。祖宗以仁厚治天下，正欲革此。今西方用兵，連年
> 不解，東南數起大獄，公獨無一言以救之乎？」安石曰：
> 「二事皆惠卿啟之，安石在外，安敢言？」軾曰：「在朝
> 則言，在外則不言，事君之常禮耳。上所以待公者非常禮，
> 公所以待上者，豈可以常禮乎？」安石厲聲曰：「安石須
> 說。」又曰：「出在安石口，入在子瞻耳。」又曰：「人須
> 是知行一不義，殺一不辜，得天下弗為，乃可。」軾戲曰：
> 「今之君子，爭減半年磨勘，雖殺人亦為之。」安石笑而
> 不言。

——《宋史·蘇軾傳》

從這段談話中，我們可以清晰地看到中國傳統文人的憂患和使命意識，客觀地說，這一信守已經演化成了中國士大夫階層的禮儀規範，深入到了每個知識者的道德核心。他們的命運和情感，所思索和所背負的，已經以及承將永恆不變地和家國社稷相關聯，和廟堂黎民相關聯，和歷史過往相關聯。那麼，蘊身於這種文化氛圍當中的李清照，當然也無法逃脫這一千古定律的束縛。

應該說，李清照是幸運的，她有幸生出在一個書香門第，值得一提的是，李家並不是個普通的書香門第，而是一個在當時屈指可數的顯赫世家。甚至李清照自己在上工部尚書胡公詩中也說：

> 嫠家父祖生齊魯，位下名高誰比數。當年稷下縱談時，猶記
> 人揮汗如雨。

　　李清照的祖父和父親在素來以才學盛名於齊魯一帶，他們父子都出於大文人韓琦門下，韓琦在當時名重一時，如果說人們對韓琦還有些陌生，那麼另外一個人物大家一定非常熟悉，那就是寫作千古範文〈岳陽樓記〉的范仲淹。在當時，韓琦和范仲淹同是以文人領兵的宋廷重臣，被世人共稱「韓范」，從中我們可以推測，此兩人在名望上應該說是不相上下的。因此當時能出身韓琦門下，是一件很榮譽的事。而李家父子卻都能攀此殊榮。

　　李清照的父親為宋朝著名文人李格非。在這裏我們有必要對李格非做一簡要介紹：

　　李格非，字文叔，濟南（今屬山東省）人。神宗熙寧九年（西元 1076 年）進士（《太平治跡統類》卷二八），調冀州司戶參軍、鄆州教授。入補太學錄，轉太學博士，後來以文章受知於大文豪蘇軾和晁補之。宋哲宗紹聖中，通判廣信軍。召為校書郎，遷著作佐郎、禮部員外郎，出提點京東刑獄。宋徽宗建中靖國元年（西元 1101 年）入元祐黨籍。卒年六十一。有詩文四十五卷（《後村詩話》續集卷三），已佚。《東都事略》卷一一六、《宋史》卷四四四有傳。毋庸置疑，李格非乃是當時的名噪一時的學者，他甚至與廖正一、李禧、董榮三人合稱為「後四學士」。（如果大家有興趣，不妨翻閱《古文觀止》，其中便有李格非早年所著《洛陽名園記》篇。）

　　我之所以在這裏對李格非的介紹如此不厭其煩地掉書袋，其目的正在於告訴大家，李家的實力和地位，在當時著實不同凡響。

　　而關於李清照在這個大家庭所受的家教，還是請我們看看下面這段話：

　　　　婦人從人者也，從之斯尊之矣。卑其夫，未有能從夫也。
　　　　夫弱於外，婦強於內，下上其心，而莫之制，何所弗及哉。

> 舉天下而漸其風亂矣，王化之存者幾何？故婦人於夫家，不
> 可不使之盡禮也。

從這段文字中我們可以大致推測出李格非的育女之道。和許多中國傳統文人相似，李格非對婦德主張尊夫從夫，但與眾不同的是，李格非卻並沒有跌入「女子無才便是德」的封建陳俗套路，而是在適當的層面上鼓勵女人勤思勤學，知書達理。

李清照有這樣一位父親，不論是先天遺傳，後天庭訓，都使得她成長成了一個莊肅有禮，好學不倦的女子。李清照刻意學問、好清議、評論國事的性格，酷似其父李格非。

而李清照的母親王氏則更是出身於顯赫名門，《宋史》說她「善屬文」。關於她的身世，廣為流傳的說法為，王氏的祖父是漢國公王准，父親是岐國公王珪，而王珪在王安石被罷去宰相之後，曾實際履行過宋朝丞相之權職。相傳王珪的父親王准、祖父王贄、曾祖父王景圖，皆曾登進士第，有孫婿九人也都登科，李格非便是其中之一。

說到這裏，請容許我提到另外一個歷史人物秦檜，在這裏我之所以提到這個千古奸臣，其原因在於他的妻子，熟知宋朝歷史的人也許記得秦檜的妻子也被人稱作王氏，那麼，處於同一個時代的秦王氏和李清照的母親李王氏是否有關呢？

歷史告訴我們，她們有關，而且不是一般的有關，而是太有關了。

因為秦王氏不是別人，她也是王珪的孫女，其為王珪的第四個兒子王仲岏之女。這是個有意思的事情，日後橫遭萬人唾罵的「長舌婦」秦王氏，事實上正是李清照的小姨，而大漢奸秦檜，按照道理就是李清照的姨夫。

歷史有的時候是很富有幽默感的，它讓我們看到同生一枝的花朵，有的萬紫千紅絢爛奪目，而有的卻老氣橫秋不堪入目。

李清照的一生，首先得益於她的家庭。俗話說，熟讀唐詩三百首，不會作詩也能吟，其涵義正在於說明環境對塑造人的重要性和決定性。這種例子其實不勝枚舉，僅宋當朝就有好幾個例子：大文學家三蘇（蘇洵、蘇軾、蘇轍）父子，二晏（晏殊、晏幾道）父子，大畫家二米（米芾、米友仁）父子等。出生於如此充滿書香墨蹟家庭的人物，終日耳濡目染，偶爾心領神會，即就是一般天分的人也能舞文弄墨，更何況天資聰穎無比的李清照。優越的家庭使她能夠受到良好的教育，也使她能比一般人有更多的機會研讀經史百家以及飽覽千古好文。

李清照的才華在李氏家族的溫床中日漸成長，而且漸行漸遠，而在前路等待她的是什麼呢？也許是不得已的悲情憂患，也許是花自飄零水自流的沉浮際遇，也許是多舛多難的狹路孤獨，也許是亂世奔波中的不屈不撓。

我們有充足的理由認為，李清照是敏感的，她的心靈和情感屬於那些隱秘而憂傷的詞賦；李清照又是熱情的，她的熱情來自對千秋家國的真摯之愛；李清照同時更是堅強的，她的堅強和亂世遊移悲地愛戀相關。

然而無論怎樣，李清照這個名字永遠地掛在了中國文化歷史的光榮匾上，她以她清秀、沉鬱、委婉、綿長的氣質和才華吸引了我們，征服了我們，溫暖了我們。

二

讓我們把目光緩慢地往前移動。

西元 1102 年。

一個多事之秋，人心迷亂。

　　朝廷的重大變動總是令人傷心和擔憂，兩年前宋哲宗因病崩逝，其弟宋徽宗趙佶繼位。有意思的是，宋徽宗竟然是個喜歡藝術的人，傳說他是在詞賦和書法上，和歷史上有名的南唐後主李煜不分伯仲。

　　有細心人發現李煜和趙佶有著驚人的相似：

　　他們同樣具有極高的藝術天分，才華橫溢，文采風流；不同住處在於，在詩詞曲賦上，趙佶略輸文采；而在書法繪畫上，李煜則稍遜風騷。

　　在治理國家上，他們同樣的昏庸無能，只顧自己享受快樂，極其可惡。

　　還有，他們同樣是亡國之君。不同的是，李煜的南唐國亡在了宋徽宗趙佶的祖先宋太祖趙匡胤手裏，而趙佶的北宋帝國則亡在了金國女真人的鐵蹄之下。

　　最後，他們的歸宿也同樣悲慘不堪。李煜成為俘虜後，眼睜睜看著心愛的妻子被趙家天子屢屢召去侍酒侍宴侍寢；宋徽宗被女真騎兵掠到冰天雪地的黑龍江邊時，除了年老色衰的之外，幾乎所有妻子女兒都被女真人瓜分，淪為侍妾。

　　正如《宣和遺事》中所記載：

> 　　這個官家，才俊過人，善寫墨竹君，能揮薛稷書；通三
> 教之書，曉九流之典；朝歡暮樂，依稀似劍閣孟蜀王；愛色
> 貪杯，彷彿如金陵陳後主。

　　趙佶是個無能的昏君，他任命同樣喜歡藝術尤其是擅長書法的蔡京為丞相，蔡京籠絡受寵大宦官童貫，專權朝政，而最令人厭惡的是他一再露出了陰險嘴臉，出爾反爾，定「元佑奸黨」，禁「元佑學術」，且大肆在朝堂和各郡設立「奸黨碑」。

蔡京所開列的所謂「奸黨」包括了以人品官聲享譽當時、以文化成就震爍古今的蘇東坡、蘇轍、黃庭堅、程頤、范純仁等數一百二十餘人。更令時人沒有想到的是，蔡京將對自己有提攜之恩、且當時早已死去的司馬光也列入了這個名單之中。

原來在司馬光重新主政後，曾大規模推行差役法，以其取代募役法，這受到了許多朝廷重臣的反對，而當時任開封府的蔡京卻聞風而動，率先相應新法。蔡京向司馬光上奏表曰：「五日之內，募役盡廢，差役倡行，現京郊兩縣，已差一千餘人充役……」。司馬光大喜，說：「朝臣人人若元長（蔡京字元長）之勤勞奉公，何患『差役法』之不行！」然後不顧蘇軾等人勸阻，執意重用和提拔蔡京。

然而司馬光沒有想到，日後將大宋二百年鐵桶江山弄得支離破碎，將徽、欽二宗送上北狩囚車的罪魁禍首，正是這個蔡京！

歷史證明，熟讀歷史的司馬光並沒有做到以博古而通今。

從這一年開始，這種以清奸黨為名實際為政治迫害的運動，在趙佶和蔡京兩位書法天才的操控下，不斷向縱深發展，這是歷史上有名的「文字獄」時期。僅舉一例：

號稱蘇門四學士之一的江西詩派的開山鼻祖黃庭堅，名列元祐人黨籍之後，被貶黜到湖北。湖北轉運判官陳舉，很想借黃庭堅的文名抬高自己的身價。有一次在黃庭堅應邀撰寫一塊碑文時，陳舉要求在碑文撰寫人的落款上把自己的名字添上去。黃庭堅拒絕了。於是，陳舉便在碑文斷章取義地摘錄了一些詞句，舉報黃庭堅誹謗朝政。他有意將舉報交到了副宰相趙挺之手中，原因是他知道趙挺之與黃庭堅不和。果然，趙挺之立即向宋徽宗報告。結果，導致了兩個後果：一是黃庭堅被進一步貶竄到嶺南並死在了那裏；另一方面，則是大舉開始了禁絕銷毀元祐黨著述的運動。

這一年李清照十八歲了，正是豆蔻年華，也許那是個春天，花兒開得正豔，招蜂引蝶；也許是個秋天，金菊流香花草將凋。當時已經名動天下的李清照鬱鬱寡歡地在李府的後花園若有所思，詞人感世傷物的憂鬱總是不期而至。她無言地坐在亭前的竹椅上，閒散或者落寞地看著園中的庭台摟閣，假山臼石，還有那嫣紅翠綠，百無聊賴。明媚的陽光斜照著幽靜的庭院，花木扶疏，掩映著一架秋千，架上彩繩還在悠悠地晃動。忽然，她聽到有男人的笑談向後花園傳來。

李清照驚心之間，裝作賞花之態湊近一棵青梅，眼睛卻不由自主地瞟向來人。

那是個優雅的年輕人，風度翩翩，舉止文雅。李清照猝不及防，不禁一陣怦然心動。他慌忙地離開花園往自己的廂房跑去，一路上芳心撲撲情不自禁。於是她推門入屋，伏案寫下了這首詞：

〈點絳唇〉
蹴罷秋千，起來慵整纖纖手。
露濃花瘦，薄汗輕衣透。
見有人來，襪剗金釵溜，和羞走。
倚門回首，卻把青梅嗅。

這篇毫無做作之態的詞作，是李清照少女時期的代表作品，從中我們看到了喜悅和驚悸，也看到了純真和清麗。我們可以想像那是一個很美的場景，露濃花瘦，青梅正好，這是多麼難得的清靜時刻，然而這一美好時刻被人打斷了，打斷它的是個少年郎。

趙明誠。

提到李清照，我們怎麼也不能忽略另外一個名字：趙明誠。

在這塵世，我們耳聞了太多的愛情傳說和信守諾言，有轟轟烈烈的，有淒婉纏綿的，有忠貞不屈的殉情，有至死不渝的守候，而李清照和趙明誠的愛情故事，也許只能算是萬里森林中的一點綠，並無什麼特殊之處，但也它卻綠得清澈綠得純粹，綠得超越了千媚百態超越了萬紫千紅。

李清照和趙明誠的結合或者是出於媒妁之言父母之名，或者是出於彼此愛慕一見鍾情，這些都不重要，重要的是，他們的結合，確實是個天作之合。

趙明誠，字德甫，山東諸城人，和李清照的顯赫家勢相比，他的家世絲毫也不寒酸，他的父親是趙挺之，也就是上面所提到的和黃庭堅素有間隙的宋徽宗年間的宰相。李清照和趙明誠結婚之時，趙挺之已經高居吏部侍郎的高位，這個時候其實正是趙家實力和聲譽日漸正隆之時。

趙明誠也算是個才華橫溢之人，年輕時為太學生，後來專攻金石學，三十年如一日，為宋代卓有聲望的金石學家，他所寫的《金石錄》是我國現存最早的碑刻目錄和研究專著。

在我國的歷史上，李清照和趙明誠也許是為數不多的志同道合的夫婦典範。以至於有人稱讚他們是「夫婦擅朋友之勝」的同志（《古今女史》卷一）。

新婚燕爾，趙明誠和李清照填詞吟詩，時相唱和，賞玩書畫，研究金石，生活充滿詩情畫意。在酷好金石，攻讀經史之餘，趙明誠對彝器、書帖、字畫也有興趣，於是李清照也經常的幫他考證、鑒別。他們二人除一般文人詩詞棋琴的雅興外，在趙明誠的感染和引導下，李清照也逐漸熱愛上了金石學。

小倆口的婚後生活如膠似漆，愛意融融。這從這一時期李清照的充滿富雅清芳的詞作中，也可略窺一二。從「共賞金尊沉綠蟻，

莫辭賦，此花不與群花同」中，我們完全可以想像李清照的頗帶幾分調皮地嬉笑於招展花枝間、幸福與夫君耍玩的綿綿場景。這期間，在創作中也不時流露出「造化可能偏有意」（〈漁家傲·雪裏已知春信至〉）的自豪感。

然而，所有的快樂都是短暫的。這種愜意的生活並沒有維持很久。

不幸很快就降臨到這個多多少少還尚存天真稚氣的少婦身上。

首先是父親李格非的落難。

這一年李格非被蔡京編為元祐黨人之列。按照宋律，凡列入元祐黨籍者，不得在京城任職。或勒令停職，或編管。編管，這是宋代的一種懲治官吏的辦法。官吏獲罪，除名貶謫州郡，編入該地戶籍，由地方官吏加以管束。其時被列黨籍者 17 人，李格非名在第五，被罷提點京東路刑獄之職。後來，徽宗親書元祐黨人名單，刻石端禮門，共 120 人，李格非名列第二十六。

而在同一年，趙挺之卻一路升遷，六月除尚書右丞，八月除尚書左丞。為救父之危難，李清照曾上詩趙挺之。對此，張琰曾經寫道：

> （文叔女上詩趙挺之）救其父云：『何況人間父子情』，識者哀之。（〈洛陽名園記〉序）

然而趙挺之終究沒有出手相助，於是被罷官後的李格非，只得攜眷回到原籍章丘明水。

於是晁公武云：

> （格非女）有才藻名，其舅正夫（挺之字）相徽宗朝，李氏嘗獻詩云：『炙手可熱心可寒』。（〈郡齋讀書志〉）

好一句「炙手可熱心可寒」，它分明洩露了年輕的李清照對人情冷暖世態炎涼的切身感受。

其次是丈夫趙明誠因為求學、求仕，不得不常常背家遠走，離愁別緒增添了李清照的悲傷，對丈夫的思念以及對前路的憂慮逐漸在她心中衍化出絲絲陰影，這些陰影在亂世背景之中，隨著各種流言的紛飛而迅速膨脹，李清照脆弱的心靈開始在生活的澆灌下，結出了不得已的憂愁。於是有了：

〈一剪梅〉

紅藕香殘玉簟秋。輕解羅裳，獨上蘭舟。雲中誰寄錦書來？雁字回時，月滿西樓。花自飄零水自流。一種相思，兩處閒愁。此情無計可消除，才上眉頭，卻上心頭。

於是也有了：

〈醉花陰‧重陽〉

薄霧濃雲愁永晝，瑞腦銷金獸。佳節又重陽，玉枕紗櫥，半夜涼初透。東籬把酒黃昏後，有暗香盈袖。莫道不消魂，簾捲西風，人比黃花瘦。

多情才女李清照的這些閨中憂愁是濃郁的，是濃郁得化不開的，然而這份憂愁在許多人看來卻也是幸運的，李清照幸運地擁有一位心愛她尊重她的丈夫，有一段美滿的婚姻，這在一個極度男權的社會是非常難得的，甚至是那分手之後牽腸掛肚的思戀，也讓人覺得羨慕不已。

有所憂愁也許也是種快樂，它遠遠勝過無所牽掛的寂寥。

李清照有不少詩詞便是產生於這種心緒之下，對丈夫的牽掛和思念以及難以消遣的寂寞之情，使她終日沉浸在憂鬱不安中，寂寞

和思念也使得她這個時期她的多作品頗見功力和特色。後世詞評者認為，李清照詞賦中，真正能壓倒鬚眉的作品，有一大部分是代表她的婉約派本色的詞作，尤其是那些描寫思念丈夫的所謂思婦之作。在這方面，大膽一點地說，李清照是獨樹一幟的，在中國文學史上，幾乎無人能出其右。

負有盛名的清代詩人王士禎，曾在《花草蒙拾》裏把李清照稱之為婉約詞派之宗，推崇讚美之情溢於言表。

寫到這裏我便想起我很早前看到過的一個故事，傳說趙明誠出仕在外時，李清照因忍不住對夫的思念，於重陽節這天巴新寫的詞〈醉花陰〉寄給趙明誠。自認才高八斗的趙明誠見此詞後自歎弗如，但是心裏又很不服氣，於是就閉門謝客，冥思苦想了三天三夜，寫了五十首詞，將李清照的這首詞混入其中，一併交給善於詞賦的朋友陸德夫看。

陸德夫品味再三，說：「這五十首詞裏面只有三句寫得絕佳。」

趙明誠心中不由激動起來，連忙問道：「哪三句絕佳？」

「莫道不銷魂，簾捲西風，人比黃花瘦」。陸德夫拈鬚微吟，彷彿還沉浸在這首詞的美妙意境中沒回過神來。

趙明誠聽罷，心裏咯噔一下，不禁涼了半截，但是心裏卻不由得暗暗佩服妻子的才華。

然而更大的變故還在後面，心胸狹窄，先前對親家李格非蒙難非但見死不救，甚至還有落井下石之嫌的趙挺之因為在和蔡京的政治博弈中失敗，被罷官歸家，回家僅僅五天之後，便在鬱鬱之中撒手西去。趙家樹倒獼猴散，緊接著趙明誠兄弟幾人全部失去依靠，被罷去公職開脫回鄉。於是李清照也不得不離開汴京，隨丈夫回到山東青州趙氏老家。

這一年李清照二十四歲。

　　李清照和趙明誠的在山東老家度過了整整十年的光陰。

　　與趙明誠一起居於青州歸來堂頌詞讀書的十年隱居歲月，是李清照一生中難得一見的又一次快樂時光。這個時期，清照恍如從前幾年的重負中解脫了出來，重現煥發出了多才少女的明亮耀麗的光彩來。

　　此十年，趙明誠著《金石錄》，李清照「筆削其間」。

　　此十年，他們「仰取俯拾，衣食有足」。

　　此十年，他們「意會心謀，目往神授，樂在聲色狗馬之上。」

　　此十年，他們「每獲一書，即同共勘校，整集簽題。得書、畫、彝、鼎，亦摩玩舒卷，指摘疵病，夜盡一燭為率。故能紙札精緻，字畫完整，冠諸收書家。」

　　此十年，他們「坐歸來堂烹茶，指堆積書史，言某事在某書某卷第幾頁第幾行，以中否角勝負，為飲茶先後。中，即舉杯大笑，至茶傾覆懷中，反不得飲而起」。

　　此十年，李清照意氣風發，揮斥方遒，天才獨創寫就了「別是一家」的《詞論》，評點當世大詞家如歐陽修、蘇軾、黃庭堅、張先、秦觀、柳永等，捭睨天下英雄如無物。易安詞體，已然奠定矣。

　　…………

　　這種生活使李清照很覺愜意。也許正是因為有了這十年，趙李之配，才算不負為後人所仰慕，對於一個才情並著而又情真意篤冰清玉潔的性情女子來說，還有什麼比這樣的相濡以沫恩愛如漆的生活更讓她流連忘返的呢？以至於李清照也心甘情願地說：「甘心老是鄉矣！故處憂患困窮，而志不屈。」

　　這十年對李清照來說是美滿幸福的，它造就了李清照性情的美與和睦，也造就了她的寬厚和深邃，造就了她和暴戾絕望的民國才女張愛玲的截然不同。

多少紅顏薄命的才女嫉妒李清照，因了這上蒼特意恩賜的十年。

多少後世無良文人詆毀她質疑她，也因了這彌足珍貴的十年。

十年，不長不短，足夠李清照回味和受用一生了。

我們樂意看到幸福的李清照、意氣風發的李清照、光彩照人的李清照，甚至小鳥依人的李清照。這短暫又漫長的十年光陰，給李清照的影響是終生的。這十年恩愛纏綿的生活使她感受到了生命的亮麗，而同時，我們又得說，幸福的溫室終究會被風吹雨打去，而前路的茫茫煙塵和流離之苦，又叫她那被呵護了十年的柔嫩的肩膀如何去承受呢？

紅顏無淚美似花。

多少曼妙琴瑟，註定要隨風而逝。

三

歷史釀就了李清照，首先在於歷史釀就了那紛紛嚷嚷的亂世。

人逃不過歷史，也逃不過戰爭中七零八碎的家國夢。

有人說，亂世是男人的天下。

也有人說，男人是亂世的男人。

首先是趙明誠對隱居生活的厭倦和對官場愈來愈強烈的嚮往，和李清照這樣超然高雅的才女相比，趙明誠始終是個凡俗之人，他終究看不透功名利祿和加官進爵的紅塵俗套，也沒有能力忍受那種終老鄉野的寂寞。畢竟，都市的繁華、官場的熱鬧是很有誘惑力的，那種飄然和快感斷然是趙明誠所不能抵制的。

李清照的溫柔和文采並不能拴住趙明誠奔向朝野的心。

重和元年，也就是西元 1118 年，趙明誠終於找到了機會，離青州赴萊州做官。從另一角度來說，也許我們並沒有理由指責趙明誠，作為一個胸有志向的男人，他不可能安心於垂死荒野，碌碌無為。然而作為立清照，內心的憂傷和憂愁卻是深刻的，有種失望之情隨之在心中蔓延開來。

我們完全可以猜測李清照對丈夫的遠離是有埋怨的，她不願意看到丈夫重新回到那爾虞我詐的官場，腐敗無能的宋政府已經徹底無救了，趙明誠口中的為家為國而做官的理想註定無法實現。

趙明誠就要走了。

而傷心的李清照卻繼續留在了青州。

在那個寂靜的清晨，李清照目睹載有丈夫的馬車遠去，天空高遠雁南飛，想著十年的廝守甜蜜就此別過，她不禁落下了兩行清淚。並在憂傷中寫下了這首名揚千秋的詞：

〈鳳凰臺上憶吹簫〉

　　香冷金猊，被翻紅浪，起來慵自梳頭。任寶奩塵滿，日上簾鉤。生怕離懷別苦，多少事、欲說還休。新來瘦，非干病酒，不是悲秋。

　　休休！這回去也，千萬遍《陽關》，也則難留。念武陵人遠，煙鎖秦樓。惟有樓前流水，應念我、終日凝眸。凝眸處，從今又添，一段新愁。

有人說，趙明誠的變化正是起於這次蟄伏十年後的東山再起，十年的臥薪嚐膽，十年的處心積慮，十年的耐心等待，早已使一個男人發生了質的變化。他看不透大世界，卻參悟到了人生不過一場

戲的真諦，他開始信奉「世界本無意義，人生是場悲劇」的人生宿命哲理，拋卻以前的行事戒條，拼命奔向俗世。

趙明誠的在官場的上進是以犧牲他的至純至真為代價的，在他那作為丞相遺孀的母親郭氏的牽線和幹旋下，他有了重進仕林的機會，他開始學會適應烏煙瘴氣的宋王朝官場世界，他變得世故和「成熟」起來。

素來薄情男人癡情女子，也許李清照做夢沒有想到，她愛戀心儀的男人，變化得竟是如此之快。

趙明誠的出仕，對李清照無疑是一種巨大的折磨和傷害，那些「斜偎寶鴨親香腮，眼波才動被人猜」的美好歲月即將一去而不復返。

宋朝末年官場上的風氣可想而知，李清照很快就聽到了傳言，傳言說萊州太守趙明時常混跡於青樓，尋花問柳，而且不僅於此，他甚至在府中藏有侍妾。

另一種無形的壓力來自趙明誠的母親郭氏，因為婚後李清照一直未能生育，在「不孝有三，無後為大」的封建理學的推促之下，趙明誠對李清照的情感發生了些許微妙變化，有歷史材料記載說，郭氏甚至為兒子選好的傳宗接代的女人，而且這個女人就是趙府的一個叫做錦兒的丫鬟。趙明誠和錦兒在郭氏的設計和督促下，很快圓房同居。

憂傷的消息讓李清照茶飯不思，為了挽留那份她付出了很多的愛情，李清照打好行李，準備去萊州看夫。

在一個深秋的早晨，李清照懷著對丈夫的思念和感化之心，由青州動身，往萊州而去。不久即到達趙明誠的萊州任所，然而她看到了什麼呢？

他看到的比預料中的還要讓她傷心失望。

關於李清照在萊州見到趙明誠的現實場面，我們誰也無法還原，但那刻骨銘心的傷心卻穿過歷史的迷霧，是令後人難以不動容。且讓我們讀一讀這首做於當時的〈感懷〉詩，這首詩從一定角度上記載了李清照在萊州所受到的冷遇，詩云：

> 寒窗敗兒無書史，公路可憐合至此。青州從事孔方兄，終日紛紛喜生事。
>
> 作詩謝絕聊閉門，燕寢凝香有佳思。靜中我乃得至交，烏有先生子虛子。

從這首簡短的詩歌中，我們能讀到什麼呢？

我們能讀到李清照一個人獨坐在萊州趙明誠那既「無書史」，又陳設破舊簡陋、寒氣逼人的屋子裏的黯然神傷和無可奈何。

我們能讀到「李清照既來之，趙明誠則拒之，然終歸拒之不去，則留住數日，粗茶淡飯，既不果腹，又難禦餘暑」的冷淡和忽視。

我們能讀到李清照寫下「烏有先生子虛子」時的沉痛和無助。「烏有先生子虛子」見自司馬相如〈子虛賦〉，是一無所有的意思。注意，是「一無所有」幾個字，在這裏，我們是否能感知到敏感脆弱的李清照在寫下自己一無所有時內心的如夜般的悲涼嗎？

有人甚至說，李清照在萊州看到了那個叫做錦兒的丫鬟，這個一朝得志的庸俗女人對李清照極盡諷刺和炫耀，而趙明誠卻並沒有出來干涉。也許，此刻我們不能肯定趙明誠對李清照的感情已經悄然西去，但可以肯定的是它至少已經沒有當初的那份濃和真了。

風華絕代的才女李清照，此刻內心真如針扎火燎，無以安慰。

「誰念西風獨自涼，蕭蕭黃葉閉疏窗。沉思往事立斜陽。」試想，一個一直在編織愛情之夢的癡情女子，她為他擔驚受怕牽腸掛肚，她為他拋卻一切隱居鄉里，她為他秉燭墨墨不計得失，然而如今時過境遷，一切卻都恍如隔世，她受到的是心儀之人的疏遠和冷落，其心境該是幾多淒涼幾多傷呀。

可以預見的是，敏感多情的李清照後半生將難逃趙明誠帶給她的陰影。可是李清照之所以是李清照，而不是個庸俗女人的原因正在於，李清照有足夠堅強與韌性，也有足夠的大度和自信。對愛情充滿固執和鍥而不捨精神的李清照並不相信眼前的這一切，她對這個叫作錦兒的女人嗤之以鼻。

癡情的李清照相信愛情，相信自己數十年的愛不會白白付出。

李清照苦心孤詣地想把昔日的甜蜜生活喚回來，想把這個她為之歡樂為之憂愁的男人喚回來。

那經營多年的愛巢不能就這樣付之東流水。

李清照以博大的胸懷收藏起了自己的落寞與憤恨，她要用自己的溫情淨化趙明誠那顆被漂泊和亂世污染了的心。

寫到這裏，我忍不住想問，在那分分離離的情愛中糾葛中，為什麼被刺傷、被辜負、被遺忘的總是女人？而最終能做到始終如一、盪氣迴腸的也恰恰是女人？也許每一樁愛情的生根、發芽和開花，都首先應歸功於女人的無私奉獻。

然而李清照失敗了。趙明誠在骯髒的塵世裏越走越遠，直到他最終因病亡於赴任建康太守的路上。趙明誠死後，李清照趕到建康奔喪，她懷著極大的悲痛殯葬了丈夫，她在祭文中寫道：

　　白日正中，歎龐翁之機捷；堅城自墮，憐杞婦之悲深。

這一刻是真正令人感到心酸的。從此之後，李清照將不得不獨自一人面對茫茫人世。

在夕陽將落未落之時，李清照帶著一顆破碎的心，以及她和趙明誠苦苦收藏了半生的金石古物以及那部《金石錄》遺稿，上路了。

四

靖康元年，也就是西元 1126 年正月，金東路軍進至汴京城下，逼宋簽訂城下之盟後撤軍。同年八月，毫無信用的金軍又兵分兩路攻宋，並於十一月，兩路軍會師攻克汴京。

次年三月，金軍在汴京城大肆搜掠後，立張邦昌為楚帝，驅擄徽、欽二帝和宗室、後妃、教坊樂工、技藝工匠等數千人，攜文籍輿圖、寶器法物等北返，北宋宣告滅亡。

這一史實被史學家稱作「靖康之變」。

靖康之恥改變了宋王朝的命運，也開始了李清照生活顛沛流離的苦難生活。

首先是被迫南渡，李清照的南逃之路是極度辛酸的，金兵長虜中原的鐵蹄在後面追趕，一路都是流離失所的災民無奈的呼喊，不僅缺吃少穿，而且要時時為安全擔心，而更為重要的是，她身邊還帶著趙明誠積攢一生的金石古物以及書籍《金石錄》的遺稿，她不忍心讓心愛的男人為之辛苦了半生的心血毀於戰火。在那個狼煙四起兵荒馬亂的年代，瘦弱的李清照依然堅強地捍衛著她的愛情承諾。

　　李清照一個孤寡婦人，緊跟著懦弱的宋王朝皇帝的後撤路線，眼巴巴地追尋著國君遠去的方向一路向南，自己雇船、求人、投親靠友，苦苦地堅持著。她有一個想法就是這些文物在戰火中靠她個人實在難以保全，希望追上去能送給朝廷。但是她始終沒能追上皇帝。而不幸的是，在這期間，她寄存在洪州的兩萬卷書，兩千卷金石拓片被南侵的金兵焚掠一空，到越州時隨身帶著的五箱文物又被賊人破牆盜走。李清照望著龍旗龍舟消失在茫茫大海中，感到無限的失望。國家者國土、國君、百姓。今國土被金人占去一半，國君抱頭鼠竄，百姓四處流離。國已不國，君已不君。李清照的身心在歷史的油鍋裏忍受著痛苦的煎熬。

　　艱難困苦的遷徙和逃離嚴重毀害了李清照了的健康，她病倒了。

　　就在這時候，一個叫做張汝舟的男人走進了李清照的生活，他首先以對李清照的仰慕者身份出現，後來這種身份逐漸轉化成了追求者，對病中的李清照百般照顧。身心俱疲的李清照被感動了，儘管並不能忘記趙明誠刻骨銘心的愛，可是現實的悲慘容不得她繼續保持對感情的理想主義，她需要一個遮風避雨的家。

　　於是，李清照做出了一個令她悔恨終生的決定：嫁給張汝舟。

　　李清照沒有想到，多少罪惡和無恥，在假愛情和婚姻之名來實現。也許她太單純了，她把男人想得太簡單了，趙明誠變心的事實並沒有給她帶來足夠的教訓。

　　後來我們知道，張汝舟之所以娶李清照的原因，並不是如他表面表現出來的仰慕李之才華，其真實目的在於，他看上了李清照在離亂中已經所剩無幾的文物，所謂結婚只是詐騙的一個手段，等到文物到手，他立即對李清照拳腳相加，百般虐待。

　　晶瑩剔透如李清照的女子，在混亂不堪的俗世中註定無法獨善其身。

　　然而李清照是堅強的，她將誓死捍衛她所愛男人的一切，包括他的遺物。李清照很快就覺醒了過來，她以前無古人的魄力當即決定離婚。

　　李清照就是李清照，她不會受制於任何人。然而在一千多年前的宋朝社會，女人要離婚談何容易。無奈之中，李清照走上一條絕路，魚死網破，告發張汝舟的欺君之罪。原來，張汝舟在將李清照娶到手後十分得意，曾將自己科舉考試作弊過關的事拿來誇耀。這當然是大逆不道。李清照知道，只有將張汝舟告倒治罪，自己才能脫離這張羅網。但依宋朝法律，女人告丈夫，無論對錯輸贏，都要坐牢兩年。

　　這場官司的結果是張汝舟被發配到柳州，李清照也隨之入獄。作為後人，我們完全可以想像李清照為了自我的自由，也為了對自己不小心犯下的錯誤的徹底救贖，在大堂之上昂首挺胸、堅毅安詳的神態，儘管那一刻她心涼如水傷痕累累。

　　上蒼欲要使李清照成其名，必先奪其情，苦其心，它先是讓她心愛的趙明誠萊州變心後又離她而去，再派一個張汝舟來試其心志。本來愛情一次失敗，再試成功，甚而更加風光者大有人在，比如同樣才華橫溢的司馬相如與卓文君就是。可是李清照卻沒有這份福氣，她沒有翻過這道山梁。這是一個悲劇。一個女人心中愛的火花就這樣永遠地熄滅了。

　　李清照不得不獨自面對這一切。

　　感情破滅了，但是對國家民族的憂心卻還在，可是在那個「女子無才便是德」的時代，她既不能像氣岳飛那樣馳騁疆場，也不能像陸游、辛棄疾他們那樣上朝議事，空有滿腹才學，一腔報國熱情，又能言與誰聽呢？皇帝不聽她的，大臣不聽她的，甚至連黎民百姓落魄寒士也不願意聽她的，於是她只能像一葉孤舟在歷史的大海中無助地飄搖。但是如果僅僅這兩點，還不算最傷最痛，最令人心寒

的，是那份難耐的孤獨。本來生活中婚變情離者，時時難免；忠臣遭棄，也是代代不絕。問題在於她除了遭遇國難、情愁，就連想實現一個普通人的價值，竟也是這樣的難。已漸入暮年的李清照沒有孩子，抬眼望去舉目無親，國事已難問，家事怕再提，只有秋風掃著黃葉在門前盤旋。

有人說，心灰意冷的李清照此後選擇了避世而居，也許是出於對漂泊的厭倦；也有人說，參透過往事的李清照此後居無定所清心寡欲，也許是出於悲傷的難以被撫平需要不斷遊走。

李清照晚年的寂寞是空前絕後、無人能解的，她不再需要繁花似錦，也不再需要安慰和體貼，她需要的只是一間遠離嘈雜的小院，然後站在高處俯視芸芸眾生。夜深人靜，梧桐細雨伴她入眠。也許在那漫長的寂寂餘年，她早已參透了「長的是磨難，短的是人生」的體悟，也早已千萬次地做過「人生如花火轉瞬即逝，繁華過後我們得到了什麼？」的叩問。

這個世界，到底還有誰能夠讀懂她的心呢？

然而李清照不是魯迅筆下的祥林嫂，她沒有麻木；李清照也不是青樓中的杜十娘，她不會棄世。李清照是溫和的，婉約挺拔山高水長的溫和，她的溫和決定了她能化愁為美；同時李清照也是豪邁的，「至今思項羽，不肯過江東」的巾幗大丈夫的豪邁，沒有什麼東西能讓一個豪邁的人放棄自我，更沒有什麼東西，能讓一個豪邁的人隨波逐流。

悲觀絕望可能屬於很多人，但是它絕對不屬於李清照。

淒涼的是人世，胸懷的卻是人間。

或許，杜甫當年悲悼李白的詩句「但是詩人多薄命，就中淪落不過君」，更為適合李清照。

五

參照李清照的身世的經歷，我們很自然也很容易地就聯想到了曾大紅大紫於現代文學史的傳奇人物張愛玲。

李清照和張愛玲都出身於顯赫的名門望族，都有著與生俱來的貴族氣息，且都成名於早年稚齡；她們都置身於亂世背景之下，一個適逢金國南侵，一個遭遇抗日戰爭；她們又都有著傲視群倫的天資和聰慧，她們秉承了家族的優越基因，以孱弱的閨娟女兒之身飄零於淒風苦雨。塵世的清愁和煩惱壓著她們羸弱的脊背，使她們不得不一步三回頭，無法不清瘦早白頭。然而她們又是不同的，她們一個影影綽綽地哀歎：

花自飄零水自流，一種相思，兩處閒愁。

一個悲觀絕望地宣佈：

生在這世上，沒有一樣感情不是千瘡百孔的。

一個深沉抑鬱，黯然蕭瑟：

東籬把酒黃昏後，有暗香盈袖。莫道不銷魂，簾捲西風，人比黃花瘦。

一個悵然若失，無限茫然：

傳奇裏的傾國傾城的人大抵如此。到處都是傳奇，可不見得有這麼圓滿的收場。胡琴咿咿啞啞拉著，在萬盞燈的夜晚，拉過來又拉過去，說不盡的蒼涼的故事。

在這些文字裏，我們看到是兩個幾乎同樣高雅但卻截然不同的靈魂，曾經有很多人把這兩人做過比較，得出的結論也都各有千秋，然而在我看來，這兩者的區別不在文采，更不在文之境界。她們的憂鬱也許是相通的，這憂鬱都來自傳統中國文人亂世遭逢中的眷憫情懷，她們都是精緻的女人，都是絕代風華的女人，但她們的差異也是有目共睹的，前者綿長渾厚，帶些許荒涼蕭索，而後者則更多了一些凌厲和質疑。李清照更多的是傷心，但這個傷心裏包含了容納，包含了適時的後退甚至抗爭；而張愛玲卻更多的是詛咒，在這詛咒裏是對浮世悲歡不留情面的抨擊和絕望。

李清照的傷懷是落花和淒涼。

而張愛玲的傷懷是荒涼和窗前明月光，白慘慘的光。

和張愛玲相比，李清照含蓄而委婉。

和李清照相比，張愛玲直白而暴戾。

這也許和兩人的經歷有關，李清照雖然居於亂世，但是她曾經擁有過幸福和睦的家庭，曾經擁有過完美難忘的愛情，儘管那只有十年。而張愛玲卻不同，她始終處在漂泊之中，生於亂世悲於愛情，在混亂的境地中無人救贖且無力自救，她的心雖然生得高貴，卻始終沒有享受過高貴的愛情的滋潤。

這，就是區別，上蒼給她們的人生的分水嶺。

李清照心儀趙明誠，雖然有離別和磨難，但是總歸算是贏得過一番耳鬢廝磨親密無間的至真情緣；而張愛玲戀上胡蘭成，等待她的卻是背叛和欺騙，乃至終無所獲為情所傷。所以李清照有朝朝暮暮的相思，而張愛玲卻沒有。

造化弄人，命運不濟，誰讓張愛玲碰到的是已婚的風流浪蕩子胡蘭成呢。張愛玲在給胡蘭成的信中寫道：「因為懂得，所以慈悲。」聰慧如張愛玲的女人，自以為瞭解男人，只是她不知，男人和女人

是不同的。胡蘭成最終離她而去，這個已經身敗名裂的男人，沒有珍惜張愛玲珍貴的愛。張愛玲有太多的委屈和憤怒，可她無處傾訴業務處發洩，於是她只能咬牙切齒地說：「對男人殘忍，就是慈悲。」然而這畢竟有違她的內心情感，所以多年以來，張愛玲只能不厭其煩地對著繁華上海灘哀怨佳人遲暮：

> 黃卷青燈，美人遲暮，千古一轍……她心裏千迴百轉的想接著，一滴冷的淚珠流到嘴唇上，封住了想說話又說不出的顫動著的口。

也許，僅僅以愛情的理由對這兩個相隔八百多年的女人做這樣的區別過於草率，但是毋庸置疑的是，生活的遭遇和環境的差異，肯定是這兩個有著大致背景的才女產生重大區別的原因之一。

沈園依舊愁斷腸

——散說唐婉及其他

唐婉，字蕙仙，生卒年月不詳。陸游的表妹，自幼文靜靈秀，才華橫溢。後嫁與陸游，因引起了陸母的不滿而遭陸游休棄。而後由家人作主嫁給了皇家後裔同郡士人趙士程。西元 1155 年（紹興二十年），陸游感傷地在沈園牆上題了一首〈釵頭鳳〉（紅酥手）詞。1156 年，唐婉來到沈園瞥見陸游的題詞，不由感慨萬千，於是和了一闕〈釵頭鳳〉（世情薄），隨後不久便抑鬱而終。其才情和與陸游的愛情故事傳為千古佳話。

一

唐婉是個憂傷的夢，紫色的憂鬱的夢，隱隱約約地在中國文人的思緒裏飄忽了一千年。同時唐婉還是一陣和煦微風，輕柔地吹過紅塵百姓的心野，蠱惑和撫慰了天下無數綠男紅女的癡怨以及悲傷。在這個世界上，每個人都在做夢，也都在尋夢，可是沒有一個人最終能找到他夢中的世界。唐婉的夢至始至終都和大詞人陸游相關，她熱愛陸游，同時也在等待陸游，等了幾乎一生一世的時間。

只是唐婉命苦，陸游沒有回頭，也無法回頭。

然而陸游又何嘗不命苦，心裏裝滿家國無奈的陸游無法停下他的腳步，有太多的東西在前面期待他，比如關於國和廟堂的召喚，同時也有很多東西在後面催促他，比如母親和家族的禱告。

這兩股力量扭結在一起，如兩根繩子一樣緊緊地捆住了陸游。陸游的悲苦於是成了生命註定的了，不可逃逸，無法釋放。陸游生於西元 1125 年，字務觀，號放翁，十二歲即能詩文，才華橫溢，尤以詩才為最，甚至被時人稱為「小李白」，他一生著述豐富，有《劍南詩稿》、《渭南文集》等數十種存世。無論生前還是死後，陸游都是中國文化文學圈內的大人物，通身燦爛，洋溢著世俗不可超越的明星光芒。可是他的人生無奈並沒有因此而減弱，唐婉，就是夾在陸游生命裏的一粒沙子，讓他疼痛不息，也讓他淚流不止，要不然他怎麼會在三十一歲就發出了「山盟雖在，錦書難託。」的人生感慨。一切前緣皆是假的，一切後世都是虛空，山盟海誓又如何，執子之手又如何，這絕情的世界，從來不會給人一個美好的結局。

唐婉是個悲劇的存在。

也有人把這悲劇算在了陸游的頭上，說：

陸游在面對嚴苛的母親和深受的妻子時，選擇的是遵守孝道，拋棄愛情。

那個英靈豪放的大詞人謝希孟曾說：「你自歸家我自歸，說著如何過。我斷不思量，你莫思量我，將你從前與我心，付與他人可。」拋棄了癡心女子唐婉的陸游本來可以從此了斷，去做他的高官去做他的報國大夢，可是誰知道他並沒有因為官場的坎坷與人生的曲折而放鬆對唐婉的牽掛，這牽掛對陸游來說是求心靈慰藉的懺悔的善藥，可對唐婉來說卻是能要她生命的毒藥。所以有人才說：

更過分的是在狠心地背叛妻子之後，他又頻頻向她暗示自己還愛著她，想著她，結果害得癡心的唐婉鬱鬱而終。

陸游不該娶才情和感情俱佳的唐婉，這是一錯；就算娶了，他實在不該又聽從所謂的母命而拋棄唐婉，這是二錯；就算真的拋棄

了唐婉，陸游更實在不應該再去留詩招惹唐婉，這是三錯。這三個錯加在一起，最終毀滅了唐婉，也最終在歷史上留下了一條無法擦去的悲情故事，供千萬人前仆後繼的瞻仰和咀嚼。

唐婉具體生於哪一年，目前已經無法查找，我們所能從歷史線索裏搜索到的關於唐婉的資訊很少，最多只是說唐婉乃是陸游的母舅唐誠的女兒，也就是陸游的表妹，宋元之際的學者周密在其著作《齊東野語》中說：「陸務觀初娶唐氏，閎之女也，於其母為姑侄。」據傳唐婉自幼文靜靈秀，才華橫溢，很討陸家喜歡，而陸游本人也擅長詩詞，喜好文物濃墨，於是他們常借詩詞傾訴衷腸，吟詩作對，互相唱和，麗影成雙。陸唐兩家的父母和眾親朋好友都認為他們是天造地設的一對，於是陸家就以一隻精美無比的家傳鳳釵作信物，訂下了唐家這門親上加親的姻事。

陸游在二十歲那年（紹興十四年），也就是西元 1145 年，與唐婉圓房結婚。

西元 1145 年是中國歷史上的內憂外患的多事之秋，其時正是南宋高宗趙構在位之際。大奸臣秦檜把持朝政，權勢熏天，在此前三年前，也就是紹興十二年，宋高宗和秦檜在風波亭以莫須有的罪名殺害了大將軍岳飛，繼而與金人議和，後以大散關、淮水為界，以北地方均劃給金國，南宋朝廷奴顏婢膝地向金國稱臣獻貢，不過金宋關係並沒有因此而趨於實質上的緩和，事實上，金朝吞併和佔有宋地的野心根本就沒死，所以說，宋金對峙狀況依然嚴重，戰事隨時可能再次爆發。在 2006 年，曾有媒體報導說考古專家在秦檜墓中找到了一份遺囑，這份被認定為秦檜「政治遺囑」的文物書寫在一塊長達 2.2 米、寬約 50 公分的綢緞上。秦檜在該份遺囑中，首先告誡子孫遠離政治，自己深知將「獲譴汗青」，「蒙羞萬年」，叮囑子孫在他死後萬莫貪戀祿位，急流勇退，也不可在風暴來臨後

為他爭辯，「庶幾可得苟全性命」，並對幾個已身居高位的族人詳細指示了退出政壇的方略。這個未經證實的新聞報導說，該份秦檜遺囑就作於高宗紹興十四年，也正是西元 1145 年。當然了，這個新聞報導是否屬實我們不得而知。我們所能知道的史實為，腐敗無能的南宋小朝廷懼怕金國，躲避在江南一隅，絲毫不思收復失地，國力羸弱，政治昏暗。

唐婉是陸游舅舅的女兒，年輕貌美，溫柔多情，非常有文學才華。唐婉和陸游青梅竹馬，兩小無猜，他們的結合應該說是相當門當戶對，也是相當志趣相投的。陸游善詩詞，唐婉的詩詞歌賦才華也絲毫不在陸游之下。陸游一向有報國志，且酷愛讀書，經常讀得廢寢忘食，比如直到晚年他還曾說過「讀書有味身忘老」的話。陸游和唐婉結婚後相敬如賓，恩愛無間，同時也一起讀書寫詞，切磋文藝，魚水歡諧、情愛彌深，倒也落了個卿卿我我的表象，也正是在這一時期，唐婉度過了她最美好也最珍貴的人生時光。此後經年，人生變遷，唐婉和陸游天各一方難以會面，唐婉的生命逐漸變成了一片荒蕪的田，只不過這已經是後話了。

按照常理來推測，陸游和唐婉這樣一對好鴛鴦，原本是可以比翼雙飛，相得益彰的，然而令人扼腕的是他們的美滿幸福極其短暫，上天並沒有讓唐婉的美麗與才情感動每一個人，與之相反，唐婉不可遮蔽的才華鋒芒帶給自己的卻是婆婆的不滿。

陸游的母親不喜歡唐婉，其原因有多種說法，但其大致的說法也不外乎以下三個：

一種說法認為：陸母尚未出嫁的時候，在娘家與嫂子（唐婉之母）關係不和。由此，自然也不喜歡嫂子生的女兒，但是當時的風俗經常是親上加親，因而唐婉還是過了門，只不過過門之後終究關

係不夠融洽，漸至於無法相處。南宋詩人陳鵠就在《耆舊續文》中說：「（唐婉）不當母夫人意，出之。」

第二種說法認為：陸母愛子心切，希望陸游在仕途有所發展。新婚燕爾的陸游留連於溫柔鄉里，稍微耽擱了應試功課。加上唐婉又喜好作詩，這在以「女子無才便是德」的舊時代，當然會引起陸母的不滿，於是後來陸母認為唐婉把兒子的前程耽誤殆盡，遂命陸游休了唐婉。如南宋著名詞人劉克莊就這樣評說：「二親督教甚嚴，恐其惰於學也，數譴婦，放翁不敢逆尊者意，與婦訣。」

還有一種說法認為：唐婉婚後數年未育，陸母不願意讓兒子因為這個女人而絕了後。當時，傳宗接代是家族的大事，正所謂「不孝有三，無後為大。」陸游的母親以這個理由提出要休唐婉，無論陸、唐兩家的誰，都覺得提不出多少有力的理由來反對。陸游的《劍南詩稿》卷四四有〈夏夜舟中聞水鳥聲甚哀若曰姑惡感而作詩〉其詩云：

> 女生藏深閨，未省窺牆藩。
> 上車移所天，父母為它門。
> 妾身雖甚愚，亦知君姑尊。
> 下床頭雞鳴，梳暑著襦裙。
> 堂上奉灑掃，廚中具盤飧。
> 青青摘葵莧，恨不美熊蹯。
> 姑色少不怡，衣袂濕淚痕。
> 所冀妾生男，庶幾姑弄孫。
> 此志竟蹉跎，薄命來讒言。
> 放棄不敢怨，所悲孤大恩。

　　　　古路傍陂澤，微雨鬼火昏。

　　　　君聽姑惡聲，無乃譴婦魂。

　　據說這裏姑惡是一種鳥的名字。著名散文大家周作人就在〈姑惡詩話〉開篇寫道：「小時候常聽見姑惡叫聲，大抵在黃昏陰雨時，聲甚淒苦，卻總不知道她是什麼形狀。」而蘇軾則在〈五禽言〉詩注釋說：「根據民間傳說，姑惡是一種水鳥，一個被婆婆虐待而死的女人叫『姑惡』，因為這種水鳥的叫聲和姑惡的鬼哭叫很象，所以這種水鳥也被稱為姑惡。」在這首詩中有「所冀妾生男，庶幾姑弄孫。」一句，從一定意義上來說，比較有力地支持了這一說法。

　　縱觀這三種說法，歷來為人們所爭論不休，只是這三種說法無論是否屬實，也無論哪個更接近真實，對於唐婉和陸游來說都沒有更多的現實意義，因為陸母對唐婉的厭惡與排斥已經到了無可復加的程度，陸游和唐婉的婚姻關係，在作為長輩身份的陸母眼裏，已經成了一堆正該被雨打風吹去的枯枝敗葉，一刻也不准繼續。總結為一句話也就是說，陸母和唐婉的婆媳關係很不好。

　　關於婆媳關係，我們也許有很多話可以說，在中國的傳統家庭中，婆媳關係處理得好的當然不乏例子，可我們也不得不承認，婆媳關係著實也是最難處的一種關係。歷史上婆媳關係緊張的例子非常多。最著名的應該是那《孔雀東南飛》中提到的劉蘭芝與其丈夫焦仲卿的母親的故事了。劉蘭芝本是個非常聰明賢慧的媳婦，她「十三能織素，十四學裁衣。十五彈箜篌，十六誦詩書」。無論是用古代還是現代人的眼光來看，劉蘭芝都是個非常優秀的女人。但是自從「十七為君婦」之後，其心中就開始「常苦悲」了。原因就在於她的婆婆。她的婆婆認為「此婦無禮節，舉動自專由」。於是，就因為看著媳婦不順眼，而硬是讓他那沒出息的兒

子休了劉蘭芝。最後導致雙雙自盡的悲劇。當然了，在婆媳的對峙之中，最終被傷害失敗的也不總是媳婦，有時候婆婆也會是失敗的一方，比如在西晉「八王之亂」期間，那個著名的悍婦賈南風（晉惠帝皇后）就是個六親不認的東西，她不但殺死了幾個親王，而且將自己的婆婆，也就是皇太后楊氏廢為庶人，囚禁於金墉城，第二年迫害至死。

陸母好唐婉的婆媳關係的緊張程度到了什麼地步，我們很難做出具體的判斷，只是根據相傳，我們能夠得知陸母對唐婉是非常反感的，後來她甚至認為唐婉是陸家的掃帚星，會將把兒子的前程耽誤貽盡。相傳她還曾因此去郊外無量庵，請庵中尼姑妙因為陸游卜算命運。這個妙因尼姑也有意思，她經過一番掐算後，竟然煞有介事地說：「唐婉與陸游八字不合，先是予以誤導，終必性命難保。」迷信的陸母聽尼姑這麼說，早就嚇得魂飛魄散，回去後當即就強令陸游將唐婉休棄。

在緊張的婆媳關係之中，作為兒子和丈夫的陸游的地位最為尷尬了，一方面他深愛唐婉，可另一方面終究母命難違。在這個當兒，陸游的態度至關重要，他的情感或者說理智天平的倒向對唐婉的命運有著舉足輕重的大作用，只是唐婉的命運實在不濟，陸游生來是個孝順而且為人柔弱的文人，他註定不敢抗拒強大的禮教機器，所以最後陸游雖然心中悲如刀絞，可是面對態度堅決的母親，他除了暗自飲泣，已經別無他法。

二

唐婉和陸游兩人終究被迫分離。

這一年是西元 1147 年。

正如多年後有人所說：一雙情意深切的鴛鴦，就這樣被無由的孝道、世俗功利和虛玄的命運八字活活拆散。

陸游和唐婉的這段婚姻，事實上僅僅維持了短短三年的時間。

唐婉是懷著滿腹的辛酸與無奈離開了她至愛的丈夫陸游的。臨別時，她與陸游執手相看，縱無限思量，終也只能化為淚眼與無言。只是陸游的心裏更加難受，畢竟更受傷害的人是唐婉。

勞燕也只能各翼分飛。

陸游的心裏裝滿了疼痛和懺悔，以及成千上萬的無奈。只是陸游心有不甘，這不僅僅出自所謂男人對女人的責任感，更多的原因還在於陸游放不下自己對唐婉的愛。於是他悄悄地買了一處建築，把唐婉安置在其中，陸游打算爭取到功名之後再把唐婉接回陸家，這樣也就能做到兩全其美了：既不傷害孝道，也不傷害唐婉的愛。陸游這樣做的目的，也許還是心存僥倖，奢望著陸母對唐婉的最終諒解和接納。

南宋之年，所謂的漢人正統政權躲避江南一隅，不思進取，同時也養成了崇尚糜爛和放蕩的生活作風習慣，富紳們動不動歌舞妓女，就連文人也都以「冶遊」挾妓為風潮，貪圖風情享樂，流連於青樓風月場，整個社會禮教不斷下延情慾不休上升，諸如大文豪歐陽修、晏殊、晏幾道、柳永、秦觀等都是以寫作纏綿情詞稱著，而抒情的對象則要麼是婚外之單向思戀，要麼是寫給妓女的調戲之作，更有甚者終生窩身在勾欄妓院。比如大詞人柳永，死後竟然是被幾個妓女湊錢埋的，傳說柳永的死訊傳出後，有上千的妓女絡繹不絕地到他的墓地悼念，轟動一時。

在這樣的社會風氣下，作為一個在官宦家庭長大的文人陸游，能如此待已經走出陸家的唐婉，為她修建別院，且一有機會就前去與之相會，這不能說不體現了陸游的情深意重。陸游能夠對唐婉如

此癡心，應該說實屬難得。只是陸游這份對愛情的癡心，依然沒有感動蒼天，不要說蒼天，他的情連自己的母親都感動不了。

紙總包不住火的，精明的陸母最終發現了陸游置別院安置唐婉並常和她會面的秘密，惱怒之情宛若乾火，直面撲著陸游而來，軟弱的書生陸游當然招架不住母親的這第二番死死相逼，被迫再次和唐婉分了手。

蒼天不憫人，讓這個秘密被外人所知。

陸母也不憫人，硬是看著唐婉帶著屈辱和無奈被打發回了娘家。

陸游有憐憫之心，可他的憐憫一錢不值，他只是強大而無德的禮教機器上的一個螺絲釘，和唐婉一樣，他的心裏也充滿了無奈，「無可奈何花落去，」陸游只能看著唐婉肝腸寸斷地消失在薄暮的盡頭。千年之後，我們可以稍作想像，也許能夠嘗感到唐婉一步一回頭地離開時，那是怎樣的一種生死離別情感災難呀。

唐婉的徹底離去對陸游的情感打擊很大，一別音容兩渺茫。從此之後，心藏傷痕的陸游註定要在無限的思念中度過，據說唐婉走後，陸游一直珍藏了兩件心愛之物。一件是當年陸游唐婉訂婚時的那個鳳釵，因為唐婉離去，這個訂婚之物按理只能還給陸家。另一件則是唐婉之前送給他的定情物菊枕。所謂「菊枕」，就是用菊花曬乾作枕頭的芯子。菊有中藥醫效，能通關利竅，靈滯補氣，解痛祛病。所以古人比較喜歡使用菊枕。陸游曾有頭疾，唐婉就是用菊枕治癒了他的頭疾。關於這個菊枕，陸游六十三歲時偶然看到街坊人家縫製菊花枕囊，觸物傷懷之下還曾寫下兩首菊枕詩以志哀思：

〔其一〕
採得黃花作枕囊，曲屏深幌悶幽香。

喚回四十三年夢，燈暗無人說斷腸！

〔其二〕
少日曾題菊枕詩，囊編殘稿鎖蛛絲。
人間萬事消磨盡，只有清香似舊時！

　　我們從這兩首詩可以看出陸游對唐婉其實始終都是心懷牽掛的，在以後漫長的人生歲月裏，唐婉的離去已經成了陸游心中的一個扣得死死的情結，終其一生也難以釋懷和解開。只是我們無法得知回首當初事時，長壽的陸游內心又會做何感想？他是否會為自己的軟弱和對愛情的沒有堅持而心生懺悔呢？以憂國憂民而著稱的陸游，內心的憂患是否也會為唐婉留上一絲一縷呢？千百年來，陸游在情愛上的懦弱和放棄曾引起被無數人的扼腕憤慨。人們認為陸游寧願犧牲和唐婉的愛情來換取陸母的歡心，是為愚孝；既然愛你又不敢帶你遠走高飛，是為懦弱。更有甚者竟然而把陸游對愛的懦弱算到了所有中國男人的頭上，推而廣之、聲嘶力竭地發出了「中國男人的愛情是被動和怯懦的」的決絕之聲，且看某文：

　　且不提自私軟弱的許仙，來看看人們心中的優秀青年梁山伯。他為愛情做過什麼呢？祝英台愛上他的時候，他連對方的性別都沒搞清楚。此後祝英台又為了愛情做了她所能做的一切，在女子連受教育的權利都沒有的時代裏她不可謂不勇敢。而梁山伯在結束懵懂狀態並得知祝英台即將被迫嫁給別人之後，他的反應是什麼呢？只是吐了一口血，回家就病死了。他真的只能這麼做嗎？沒有更積極的方法嗎？比如說私奔。為什麼千百年來中國的

故事中只有女子不顧一切地追隨愛情（如紅拂夜奔，倩女離魂），男人卻沒有任何表示呢？最讓人費解的是，還要把自己不能捍衛愛情怪罪別人。看過《梁山伯與祝英台》的人無不對馬文才切齒痛恨。馬文才或許是個紈絝子弟，可他在故事中實在也沒做錯什麼呀。只不過是向祝英台求婚而已，他甚至不知道祝英台已經有男朋友了，把梁祝的悲劇全算到他頭上不是有點冤嗎？即使是所謂多情的中國男人，在面臨選擇的時候，也會放棄愛情。唐玄宗在馬嵬坡面對叛亂的威脅時，選擇的是背棄自己對楊玉環的愛情誓言。在中國男人的心目中，愛情永遠只是次要的附屬品。當愛情遭遇所謂道德、理智、操守，甚至所謂前途、輿論的時候，都要乖乖讓路。偶有選擇愛情的男人，必遭千夫所指，不得善終。總之，中國女人的癡情，註定毫無勝算。

這振聾發聵的聲音也許發自女人的胸腔，不論此言偏激也罷，錯誤也罷，至少它給了普天下中國男人一個真誠的聲音：在愛情的顛簸海洋中，女人也許真的比男人要執著和投入，在愛情和婚姻的關鍵時刻，逃避責任以及缺失擔當的往往是男人。女人自身天性的柔弱並不總是軟弱，而男人天生的強力卻也不一定總是象徵勇敢。只是陸游怎麼也沒想到，唐婉的這一走，在他心田上種下的疼痛和陰影將是終生難以消散的，此後經年，紅塵變遷，他將不得不終其一生來回味和感受那份愈來愈濃的思念和悔恨。回首前塵往事，唐婉的纖手和紅顏像微風一樣一次次掠過陸游的心。這不由得讓我想起了瓊瑤所寫的一首歌詞〈奈何〉：

我和你兩個伴著燈兒坐
我低頭無語你眉頭深鎖

好花好月好良宵它不屬於你也不屬於我

心事幾萬重只有情默默

想對燈兒說燈兒不解我

好花好月好良宵如此虛度過淚珠悄悄落

在這個世界上，前世修煉多少年才能修到共枕眠的境界，可是陸游他自己放棄了，唐婉的真情和才情，激蕩不起陸游內心原本應該排山倒海的雄性的火焰，所以，他也只有唱著他多情的歌兒，寂寞孤獨地面對整個塵世了。

離開陸家後，唐婉回到了娘家。

在陸母的逼催下，陸游首先娶了新婦王氏，這個王氏倒是非常爭氣，進陸家門沒幾天就懷孕了，且敦厚賢良，很是得陸母的歡心。

而唐婉這一方眼見陸游已經娶妻，一切的幻想和等待已經徹底破滅，於是在唐家人的撮合下，唐婉嫁給了同郡士人趙士程。趙士程出身皇族，為江南名士，出身甚是顯赫，同時他還是個寬厚老實的讀書人。趙士程久聞唐婉的名字，對唐婉的才情佩服有加，乍聽唐婉和陸游離婚了，當即就找人去唐家提親。在那個年代，作為有過婚史的唐婉能夠嫁給趙士程這樣的人為妻而不是妾，本身就已經很能說明趙士程對唐婉的敬重和愛了，他對曾經遭受情感挫折的唐婉表現出極大的關懷與諒解。應該說，在男權思想和傳統倫理居於主導地位的南宋的社會，趙士程能這麼做很是難能可貴的。只是唐婉對她和陸游之間的情感投入太深了，同時受到的傷害也太深了，唐婉能不能在趙士程的撫慰和溫暖下走出陰影，千百年來一直有人表示出了善意的質疑和叩問。

146

三

　　和王氏結合後，對愛情無望到了極點的陸游只得收拾起了滿腔的怒怨和創傷，埋頭苦讀了整整三年書後，在西元 1152 年，也就是他二十七歲那年隻身離開了故鄉山陰，前往當時的南宋都城臨安參加「鎖廳試」。(按宋代規定，凡現任官應試進士，稱為「鎖廳試」。)由於陸游其時已蔭補為登仕郎，所以有資格參加「鎖廳試」，按照規定，若能通過這場省試，第二年就可參加禮部會試了。

　　陸游在臨安一舉考了個第一名，於次年參加了禮部的會試。只不過不是這時候出現的小插曲，陸游的前程應該說是錦繡無限的。可是陸游運氣太不好，他碰到了當朝大人物秦檜。

　　陸游在「鎖廳試」中多得魁首，可他不知道緊跟在他後面的第二名秦塤卻是個大人物，這個秦塤不是別人，正是當朝宰相秦檜的孫子。陸游把秦檜的孫子比下去了，秦檜當然深感臉上無光，於是在第二年春天的禮部會試時，硬是藉故將陸游的試卷給剔除了。試卷被剔除了，也就等於宣告了陸游會試的失敗。會試遭此橫禍，對陸游的打擊很大，在苦悶和無奈中他只得回到老家。

　　失意的陸游感到無限的落寞。中國落寞文人的排遣失落的慣常方式不外乎以下幾種，要麼寄情於青山綠水或者野寺幽處，避世隱居，聊以忘卻愁緒，如陶淵明；要麼出入酒肆勾欄，把酒吟詩，麻醉自己我，如柳永；要麼就是浪跡街市，狂歌高哭，成為一個蔑視世俗的狂者，如嵇康。陸游安慰自己的方式卻頗有些不同，他是個優柔的人，同時他對世界的失望還沒有到達頂點，所以上三者他都做不到。一方面，他要還要讀書以備再考，另一方面，內心的苦悶

也著實需要排解和安慰，所以他也經常出去於一些幽靜之地，淺歡深思，尋求解脫。

時間定格在西元 1155 年的春天。這個秋天以一個纏綿同時又淒婉的角色存在於中國人的文化視野。這一天，陸游像往常一樣合上書頁出門閒逛，沿著春風和煦的街市，來到了城南花開如飛的沈園。

沈園是江南著名的私家園林，小說筆記《東京夢華錄》記載說，宋朝慣例，每年的農曆三用初一至四月初七，私家花園都要對外開放，包括皇帝的御花園。所以每到此時，沈園是遊人最多的時候。

正如大家都知道的那樣，陸游在這裏碰到了唐婉。

蒼天憐愛，終究給了他們這一次見面的機會。

千年來廣為傳頌的那兩首〈釵頭鳳〉就寫於此時此地。傳說陸游和唐婉相遇之時，唐婉正和自己的丈夫趙士程一起賞春，分離後八年不見，如今乍一見面，兩相驚詫。不過唐婉畢竟大氣，不僅無甚怨恨之情，甚至當面捧黃藤酒以敬陸游。唐婉離去後，內心起伏不定的陸游悵然提筆，在牆壁上寫下了那首揚名千古的纏綿之作〈釵頭鳳〉：

> 紅酥手，黃滕酒，滿城春色宮牆柳。東風惡，歡情薄，一懷愁緒，幾年離索。錯，錯，錯！
> 春如舊，人空瘦，淚痕紅浥鮫綃透。桃花落，閒池閣，山盟雖在，錦書難託。莫，莫，莫！

關於此事，南宋文學家周密在《齊東野語》寫道：「唐後改適同郡宗子士程。嘗以春日出遊，相遇於禹跡寺南之沈氏園，唐以語趙，遣致酒肴，翁悵然久之，而賦〈釵頭鳳〉一詞題園壁間。」

這首〈釵頭鳳〉分上下兩闋，上闋是男子口吻，自然是陸游在追敘今昔之異；昔日的歡情猶在耳邊，可是疾進的東風卻把繁花記憶湮滅至盡一掃成空，只留下無情和落寞。那年一別，別後數年卻一直心境索漠，滿懷愁緒未嘗稍釋，而此恨既已鑄成，事實已無可挽回。下闋改擬女子口吻，自然是寫唐氏泣訴別後相思之情：眼前風光依稀如舊，而卻「物是人非事事休」。為思君消瘦憔悴，終日以淚洗面。任花開花落，已無意興再臨池閣之勝。當年山盟海誓都成空願，雖欲託書通情，無奈礙於再嫁的處境，也只好猶豫而罷。

每讀這首〈釵頭鳳〉，我內心總抑制不止地感到寒冷和疼痛。紅塵易老，彈指經年，在這春天的午後，陸游著實無法再壓抑自己情感的噴口，相思難罷，相聚卻不能。「人生若只如初見，何時秋風悲畫扇」，說得多好，可是沒有人能逃脫被時間修改的命運，正如唐婉和陸游，如今的他們，一個是漂萍，一個是流水，曾經的琴聲依稀還在花叢間回蕩，曾經的海誓山盟也許還立在原來的地方沒有散，印記還留在詩稿上，但是一切卻都改變了。〈釵頭鳳〉訴不完陸游的悲傷，也訴不完陸游對唐婉的思念，所有的美好和纏綿都已隨風飄散。

許多人評論陸游〈釵頭鳳〉詞說「無一字不天成」。而事實在於，正因為陸游親身經歷了這千古傷心之事，所以才有這千古絕唱之詞。這段和唐婉的辛酸的情事，成為陸游終生的隱痛，以至於直到晚年他還屢次來到沈園，淒然憑弔這位人間知己。

只是處在情殤之下的陸游全然忘記了唐婉也是個人敏感易碎的多情女人，他把這首詞寫在了牆壁上，別人看了不知道內情，唐婉看了又會作何感想呢？

陸游著實太大意了。

　　唐婉果然看到了這首詞（至於唐婉何時看到這首詞的，人們說法不一，有說當場就看到了的，也有說第二年再去春遊時才看到的），「一懷愁緒，幾年離索」，「山盟雖在，錦書難託。」癡情才女唐婉如何受得了這樣的詞語句子。於是她含淚寫下了另一首〈釵頭鳳〉，不為別的，就為和陸游寫字牆上的這首詞。

　　　　世情薄，人情惡，雨送黃昏花易落。曉風乾，淚痕殘，
　　意緘心事，獨語斜難。難、難、難！
　　　　人成各，今非昨，病魂常似秋千索。角聲寒，夜闌珊，
　　怕人詢問，咽淚裝歡。瞞、瞞、瞞！

　　在這裏，請允許我對唐婉這首詞進行翻譯。雖然這翻譯註定是粗俗和膚淺的，才情女子唐婉的柔情和冰清，是我輩所遠遠無法走進的，不過我依然願意懷著敬仰的心拋磚引玉：

　　紅塵人世是那麼的淡薄，人情關係險惡無邊，黃昏時分，淒雨綿綿，我看見雨中的鮮花像無數寂寞的夢一樣凋零落去。清晨時分，被黃昏的雨水打濕的了花花草草經曉風一吹，已經乾了，而我流淌了一夜的淚水至天明時分卻還未乾，殘痕仍在。寂寞如斯的我內心裝滿心思，我多麼想寫封信給你說說心裏的事，可是倚在欄杆上，我實在不知道該說些什麼，那麼難啊！那麼難！

　　原本心靈相交的知己已經分離，時過境遷，時間已在我們之間劃下了傷痕，現在已非昨日，那秋千繩子上有東西晃來蕩去，只有我知道那是我的傷感和眷念。夜裏的角聲催我心寒，寂寞長夜我無法安眠，難寐的我多麼害怕別人尋問我為什麼失眠，為了不讓他們擔心，我只好咽下眼淚裝出一付笑臉。我的苦衷我的悲傷，它只能隱藏在心中，只能隱瞞。

　　唐婉要用她自己的方式來哀悼那些如花的年華和愛戀，同時來回應陸游那閃動著無限痛恨的心靈。當時只道是尋常，如今卻是滄海橫絕，覆水難收。一切都變了，唯一沒變的只有唐婉的心。「此恨綿綿無絕期。」在這裏，這恨何嘗不是愛，比普通的那女之愛更深刻更博大更飽滿的愛？

　　只是唐婉的愛和恨都太深了，深得她自己都無法把握和看透了，所以她註定了要把自己丟失在愛的海洋。事實上，寫完這首詞後，唐婉就一直沉浸在抑鬱之中無法自拔，多年的分離絲毫沒有影響她對陸游深如大海的愛，與之相反，那愛卻隨時間流逝越積越濃，濃得她那柔嫩的肩膀再也無法負擔。

　　「意繊心事」的唐婉最終鬱鬱患病，沒過多久就死了。

　　這一年陸游大約三十歲，而唐婉則大約二十七歲。

　　唐婉的死讓我想起了尼采的那句話：「愛和死永遠一致，求愛的意志，也就是甘願赴死。」從這句話裏我們也許能夠獲得些許安慰，我們可以由此相信唐婉死去的目光中一定含著暖意，她的愛就是她的暖。

　　唐婉和陸游的這兩首一唱一和、一吟一對的〈釵頭鳳〉，已經成了中國文學史的經典之作，近千年來一直為人們多傳頌和拜讀，就連他們相會的這個沈園，也儼然成了一處無人不知的名園。

　　直至現在，沈園還是紹興城內著名的旅遊景點，不過在約千年的興衰演變中，沈園時興時衰，清人詩詠沈園「寺橋春水流如故，我亦跚廚立晚風」。到周作人時，沈園已沒落得成了一個破爛的歷史遺址，幾乎只剩下一座春波橋。而到了紹興解放之時，整個沈園僅存一隅。郭沫若先生 1962 年遊歷沈園時，目睹荒涼不堪的情景，曾作〈釵頭鳳〉描寫園中的景象。現在我們所看到的沈園門額「沈氏園」三字即為郭沫若當年所題。

今日的沈園，自然是後人的重修，1987 年和 1993 年，有關部門曾在沈園舊址上兩度重建了仿宋園林，加上近幾年的恢復性工程，沈園已初具規模，成了紹興古城內的一處重要景區，然而這複製並沒有妨礙人們遊沈園尋夢的真誠。暗夜沉靜之時，看著那粉白舊牆上的蒼涼字體和白楊蕭蕭，再回想才情女子唐婉的一腔癡情，想必心中會有無限感慨。

四

一首〈釵頭鳳〉，毀滅了唐婉，同時也成就永恆的唐婉。而讀〈釵頭鳳〉，除了為唐婉流下酸楚的眼淚，還使我想起了另外兩個女人。

一個是龐荻，另一個則是朱安。

想起龐荻更多的是因為她的才情以及那闋帶血的〈眼兒媚〉，而想起朱安則更多的是因為她同樣出身於紹興以及現代中國的一個偉大人物：魯迅。

我們先來說龐荻。

龐荻是北宋翰林學士龐公之女，在汴京城外春遊之時遇上了王安石之子王雱，兩人一見鍾情，很快墜入情網。龐公和王安石在政見上雖然有分歧，王安石主張變法，以圖富國強兵，而龐公則屬於保守派。可這並沒有影響龐荻和王雱的婚事，兩位開明的大人物都對這份親事持支持態度，於是兩人很快便結了婚。

小倆口你恩我愛、情意濃濃，小日子過得倒是非常愜意，只是有一點很讓龐荻心憂，那就是這個王雱雖然外表英俊，可是身體卻一直不好。結婚之後，王雱的身體更是一天不如一天，最後犯大病而不得不分居（有的史書傳王雱因政治抱負受挫而犯精神病）。

　　王安石同情兒媳龐荻的遭遇，提議讓龐荻再嫁，王安石連再嫁的人都選好了，他就是宋神宗的弟弟，也是王雱的好友趙顥。開始的時候龐荻自是拒絕另嫁，可是後來王雱脾氣多變，故意冷待她，而與此同時趙顥卻對她心儀有加，呵護備至。

　　後來龐荻終因無法抗拒來自各方面的壓力，答應以王安石義女的身份再嫁給趙顥。古史書中說：「王太祝生前嫁婦」（當時王雱的官職是太常寺太祝），也就是說王雱還在，他的妻子就另嫁了他人，實在是千古奇事，以前女人再嫁，不是因為不是寡居，就是因為被棄，哪里有過這樣丈夫仍在而被允再嫁的。從中我們也許可以解讀出王雱對龐荻的超越世俗的愛，他寧肯自己背負世俗的羞辱和指責，也不願意拖累龐荻的人生和青春。只是王雱心中的愛凝結得太多了，在目睹妻子出嫁之後，病情很快惡化，彌留之際，他寫下一闋〈眼兒媚〉，然後豁達而淒涼地閉上了雙眼。請看這闋〈眼兒媚〉：

> 楊柳絲絲弄輕柔，煙縷織成愁，海棠未雨，梨花先雪，一半春休。
>
> 而今往事難重省，歸夢繞秦樓。相思只在，丁香枝上，豆蔻梢頭。

　　讀〈釵頭鳳〉，我們能夠感受到委婉哀怨和纏綿悱惻，我們的心裏充滿的是憂傷和絕望，感知的是陸游的無奈和懦弱，而讀〈眼兒媚〉，讀到的其實更多的是人性的光芒和付出。前者投射出的是樸實的愛，後者投射出的則是凌厲的愛。前者很委婉，後者則很尖銳。

　　有人為我們做出瞭解讀：不是不愛，不是無情，陸游的深情是循規蹈矩，按部就班的，同時也是懦弱壓抑的，看著愛人被休棄，香消命殞，自己卻無可奈何獨自飲泣；王雱的深情則是驚世

駭俗，劍走偏鋒的，他凝視著愛人遠去的背影，心中的苦澀當是無法言說的。

〈釵頭鳳〉和〈眼兒媚〉，一個透著蒼涼無奈，一個則洋溢著溫和的光輝；唐婉和龐荻雖然都再嫁，且她們的二婚丈夫趙士程和趙顥有共同點：不僅都是宋朝皇室，而且都是癡情懂情的好男人，可她們的命運卻因為這兩首不同味道的詞賦而截然相反：一個在悲傷中早喪，一個在溫暖中長壽。

唐婉不幸，龐荻也不幸。

可是從另外一個側面來看，我們或許可以說唐婉不幸，而龐荻有幸。和陸游比起來，王雱畢竟勇敢和決絕多了。

下面我們再來說說朱安，我之所以要提到朱安，其原因不僅僅在於她和唐婉同為紹興人，還在於她們兩人命運之間若有若無的連接。唐婉被陸家拋棄，朱安雖然沒有被周家拋棄，但是她卻從來沒有進入過魯迅的心門，這其實比事實上的拋棄更可怕，也更殘忍。所以說到朱安，我就有很多話要說。

朱安 1878 年 6 月生於浙江紹興，比生於 1881 年的魯迅大了三歲。魯迅的父親去世後，魯母就開始為魯迅的婚事操心。魯母喜歡朱安聽話順從的品性，決定娶來給自己的大兒子做媳婦。1901 年 4 月 3 日，魯母在沒有徵得魯迅同意的情況下，去了朱家「請庚」，也就是所謂的訂婚。結果在兩個年輕人根本都不認識的情況下，由雙方父母作主，定下了決定朱安一生命運、並給大文豪魯迅帶來終生痛苦的婚姻大事。

1906 年 7 月 6 日，時在日本的魯迅被陸母以病重為由騙回老家，並被逼催和朱安完婚。從一開始魯迅就不喜歡朱安，在完婚的第二天，魯迅就獨自睡進了書房，第三天就買票回了日本。只可憐二十八歲的朱安怎麼也想不通自己哪里做錯了惹得魯迅生了氣，生

於傳統舊文化中的朱安也許永遠弄不明白，其實她的錯和不錯都是一樣的，她的悲苦命運早在她和魯迅訂婚的那一刻就註定了。

這就是命，中國女人不可逃避也無法逃避的宿命，在漫長的黑暗時代，這種宿命就像影子一樣時時刻刻跟在中國婦女身後。

學者陳丹青曾經寫過一篇文章，名字叫做〈朱安與魯迅──蝸牛的歷程〉，在這篇文章裏，陳丹青把朱安比喻為了一隻苦苦往上爬的蝸牛，說她好比是一隻蝸牛，從牆底一點一點往上爬，這只蝸牛，身材矮小，面無血色，似有病容，癡癡的站在高大的牆角下仰望。終其一生，魯迅對朱安的態度都沒有發生大的改變，魯迅憐憫朱安，同時也冷落甚至厭惡朱安。

魯迅 1909 年從日本歸國。1912 年，魯迅離開紹興到南京教育部任職，後隨教育部遷往北平。魯迅在北平生活 14 年之久，而這 14 年中的前 7 年多，魯迅始終一個人獨居，而朱安則一直在紹興伴隨魯母。直到 1919 年 12 月朱安才隨婆婆舉家遷往北平，並在北平和魯迅生活在了同一屋簷下，只不過此後經年，魯迅對朱安依然形同陌路，不聞不理。

大約在 1926 年，魯迅的學生許廣平和魯迅開始通信並陷入戀愛，1926 年夏天，他們兩人帶著自己真正的愛情離開了北京，踏上了南下的火車。

1928 年，魯迅和許廣平在上海開始了同居生活。自此之後，魯迅的情感世界終於找到了歸宿，而另一方面，朱安和魯迅則幾乎再也沒有像樣的在一起生活過，以前他們是形同陌路，而現在他們便真正成了陌路之人。

1930 年，魯迅和許廣平的兒子周海嬰出生，魯迅把一家三口的照片寄回北京，朱安不識字，可是總能看得清照片。朱安的悲傷和絕望是可想而知的，魯迅的新家對她是一個很大的打擊，傳說她

曾因此對旁人說道：「過去大先生和我不好，我想好好地服侍他，一切順著他，將來總會好──我好比是一隻蝸牛，從牆底一點兒一點兒往上爬，爬得雖慢，總有一天會爬到牆頂的。可是，現在我沒有辦法了，我沒有力氣爬了。我待他再好，也是無用。」看這句話，我們怎麼能不為朱安的境況和無奈而落下眼淚呢？廣袤無垠的世界裏，我們依稀能看到一隻渺小的蝸牛緩慢而無力地在掙扎，周圍太空也太大，朱安註定要被淹沒。

1936 年，魯迅在上海逝世。消息傳到北京，朱安很想南下參加魯迅的葬禮，只因魯母身體不好，無人照顧而未成行。於是她只好在西三條胡同 21 號魯迅離京前的書房弄了個靈堂，為魯迅按傳統守靈三天。

1943 年，魯母病逝，朱安瞬間變成了孑然一人。

1947 年 6 月 29 日朱安在北京孤獨地病逝。雖然她到最後身體已非常衰弱，但腦筋仍然很清醒，連後事要穿的衣服也列出了清單。在臨死前一天，魯迅的學生宋琳去看望朱安。朱安淚流滿面地向宋琳說：請轉告許廣平，希望死後葬在大先生之旁；另外，再給她供一點水飯，念一點經。朱安還說，她想念大先生，也想念許廣平和海嬰。朱安的遺願是死後能葬在上海魯迅墓旁，這個願望未能如願；她的葬禮按許廣平的意思舉行，下葬在北京她婆婆魯母的墳旁，墳上沒有任何標記。如果不經指點，後人很難知道那個小墳下埋葬的是誰，更無從知道這個人竟然就是大文豪魯迅的原配妻子。

和唐婉比起來，同為紹興女人的朱安的一生要悲慘和壓抑許多。唐婉至少還可以出走，還可以憑著自己的才情和容貌而獲得趙士程的愛，而朱安呢？朱安什麼也沒有，她很淒涼地只能抓住魯迅這跟稻草，走不脫逃不掉。陸游狠狠心讓唐婉走了，走後卻有萬千牽掛，這裏面也許有懦弱和無奈；而魯迅對朱安卻全然是忽視，魯迅不會考慮

朱安的疼痛和傷心，他詛咒了一輩子黑暗的舊世界，卻恰恰把身邊的朱安在黑暗中埋藏亦樂一輩子。所以有人說，陸游是無奈，而魯迅卻是無心；是事實上深層次的原因還在於，陸游對唐婉有真愛，而魯迅對朱安，不要說些微的愛，連恨都是沒有的。當然了，魯迅也沒有別的辦法，如果魯迅不這樣做，那被黑暗埋葬的，將稱為朱安和魯迅兩個人。所以說，沒有誰做錯，錯的是命運和機緣，錯的是原本不該碰到的人碰到了一起。而痛苦，卻是明明白白的。

套用托爾斯泰的那句話：幸福的家庭是相似的，而不幸的家庭卻各有不幸。在這裏，無論是唐婉還是龐荻，或者是朱安，她們都同為不幸的女人，可是在這不幸裏，她們的故事卻有著各自的曲折。龐荻感受著幸福的痛苦，朱安承受著冰冷的苦悶，而唐婉則品味著愛恨俱不能的複雜滋味

生活在那些時代裏的女人，終究是軟弱的，她們的翅膀在強大，卻還是註定飛不出男性的天空。即就是萬幸中能夠飛出男人的視界，也逃不脫歷史的無情和責難。

五

唐婉死後，心懷天下的陸游也迎來了自己仕途上的起點，此後多年曲折坎坷，起伏不定。

秦檜死後，陸游被宋朝廷重召回，先任職於福建寧德，後相繼任夔州（今四川奉節）通判和蜀州、嘉州、榮州等地的通判和知州等職，在此期間，陸游以一腔熱情向皇帝提出許多抗敵復國的軍事策略，然而由於部將不和，再加投降派掣肘，抗戰終於受挫。宋朝廷立即動搖，又走上屈服求和的老路，陸游也因此被罷黜還鄉。再往後，陸游入四川為官，並任宣撫使王炎幕府，投身軍旅生活。

　　淳熙五年，也就是西元 1178 年春，因為他的詩名，陸游受到了宋孝宗的召見。宋孝宗賞識陸游的才情，不過對他的政治主張卻並不能完全採納，於是只象徵性地派他到福州、江西去做了兩任提舉常平茶鹽公事。只是這時候出現了意外。在江西任上時，當地發生災荒，出於人道的考慮，陸游開糧倉賑濟災民，不料卻觸犯當道，後來以「擅權」的罪名再次被罷職還鄉。

　　陸游這一次在家閒居六年，後又被起用為嚴州知州。後來有被宋光宗任命為朝議大夫禮部郎中。可誰知他連上奏章，諫勸朝廷減輕賦稅，結果反遭彈劾，以「嘲詠風月」的罪名再度罷官。此後的陸游一直隱居鄉里，直到逝世。

　　歷經滄桑的陸游看透了人世的繁華和虛無，他為了所謂的抗金大業忙碌和追逐了一生一世，在污蔑和欺騙中被罷官和驅逐了一次又一次，這些經歷歷練了陸游的情感，也洗淨了他內心的荒蕪慾念。幾十年風風雨雨，陸游雖然走遍了大江南北，也備受各種磨難和曲折，可是他對唐婉的思念卻是與日俱增的。

　　年少時太魯莽不懂愛，那本來深入生命的愛卻沒有珍惜，隨著時間的流逝，陸游終究懂得了唐婉其實早就潛進了他生命深處。在這個世界上，有一種情感是無法克服的，這份情有時會是微風洗人面，而有時也會是烈酒斷人腸。人說，曾經滄海難為水。還有人說，當時只道是尋常。那時年輕氣盛，「壯歲從戎，曾是氣吞殘虜。陣雲高、狼煙夜舉。朱顏青鬢，擁雕戈西戍」，心中裝滿了要飛黃騰達忠君報國的夢，對男女之愛不放在心，多年過去了，繁華報國夢已經被紅塵滾滾所碾碎，只留下些許破碎凌亂的塵屑。軟弱的南宋朝廷成就不了陸游的抗金壯志，戰不得戰，和不得和。於是到最終，陸游也只好期盼能過上「莫笑農家臘酒渾，豐年留客足雞豚。山重水複疑無路，柳暗花明又一村。簫鼓追隨春社近，衣冠簡樸古風存。

從今若許閒乘月，拄杖無時夜叩門。」的生活。只是心閒下來，飄飄蕩蕩的的記憶裏漂浮的全是唐婉的身影。

此時此刻，陸游才真正體會到唐婉的愛之珍重和沉重。所謂家國千秋大業，所謂的進則仕出則士的堂皇大夢，所謂的先天下之憂而憂後天下之樂而樂的虛空追逐，在事過境遷之後，都經不住唐婉纖弱之愛的衝撞。

站在時間的此岸，陸游永遠無法忘記重幃窗前愁看微雨落花的唐婉，庭院深深緊鎖，多少癡情言語中。唐婉的離去成了陸游心中永不結痂的傷痛，看來亦於事無補。尤其沈園再會及唐琬之死，更加重了他的負疚與追悔，以致時過境遷，歲月淘洗，也總是纏綿悱惻，頻頻顧盼，無法排遣心中的眷戀：

> 楓葉初丹槲葉黃，河陽愁鬢怯新霜。
> 林亭感舊空回首，泉路憑誰說斷腸？
> 壞壁醉題塵漠漠，斷雲幽夢事茫茫。
> 年來妄念消除盡，回向神龕一炷香。

這是光宗紹熙三年，也就是西元 1192 年的秋天，陸游六十八歲的時候所作的一首詩，還是寫在沈園的牆壁上。這距離他當初在沈園牆壁上寫〈釵頭鳳〉，已經有三十七年的時間了。三十七年彈指之間，想必陸游目睹當初的〈釵頭鳳〉那滄桑的字跡，定會有人去物非之傷感。傷感不傷感，陸游在該詩前有小序：「禹跡寺南有沈氏小園，四十年前曾題小闋壁間，偶復一到而園已易主，刻小闋於石，讀之悵然。」沈園已經易主，他那首〈釵頭鳳〉已經被刻到了石頭上。「讀之悵然」。其實又何止悵然呢。夢事茫茫，也許只有說不盡的餘恨了，枉恨天上人間，人間天上。

對唐婉的思念和懺悔越積越多，愛在陸游的胸口燃燒，燒成了灰燼，熱灰掩埋了晚年陸游的心，以至於他無法不時時刻刻處在滾燙的愛之中，讓他不斷的傾訴不斷的作詩。這些詩詞，應當是全心全意獻給早就死去的唐婉的了。

這裏，讓我們稍微選取幾首，聊以看看陸游內心對唐婉難以抑制的愛和思念。

> 城上斜陽畫角哀，沈園非復舊池台。
> 傷心橋下春波綠，曾是驚鴻照影來。
> 夢斷香消四十年，沈園柳老不吹綿。
> 此身行作稽山土，猶吊遺蹤一泫然。

此二首詩就是非常有名的沈園絕句二首，寫於 1199 年的春天，也就是陸游 75 歲的時候。

> 路近城南已怕行，沈家園裏最傷情；
> 香穿客袖梅花在，綠蘸寺橋春水生。
> 城南小陌又逢春，只見梅花不見人；
> 玉骨久成泉下土，墨痕猶鎖壁間塵。

這兩首詩名為〈十二月二日夜夢游沈氏園亭〉，為陸游 84 歲時，由兒孫扶至沈園時所作。

> 沈家園裏花如錦，半是當年識放翁；
> 也信美人終作土，不堪幽夢太匆匆。

這首詩名為〈春遊〉，卻作於床榻之上，當時陸游已經八十五歲，臥病在床。這一年是陸游人生的最後一年，春天來了，屋外鮮

花開放，陸游嗅到了花香，腦中想起的依然是那個沈園，他用這首詩對沈園以及永久地停留在沈園裏的唐婉做了做永久的告別。

元稹說，曾經滄海難為水，除卻巫山不是雲。

李商隱說，此情可待成追憶，只是當時已惘然。

蘇軾說，十年生死兩茫茫，不思量，自難忘。

這些句子用在陸游身上，也許是再恰當不過了的。

一切都已過去，一切都還存在。

唐婉是個紫色的憂傷的夢，夜夜侵入陸游的心。

唐婉是個紫色的憂傷的夢，年年來濕潤後人的眼睛……

我是人間惆悵客

——散說納蘭性德

納蘭性德（1655-1685），為武英殿大學士明珠長子，原名成德，字容若，號楞伽山人，滿洲正黃旗，清初著名詞人。少聰穎，讀書過目即能成誦，繼承滿人習武傳統，精於騎射。在書法、繪畫、音樂方面均有一定造詣。一生著作頗豐，以詞聞，現存 349 首，哀感頑豔，有南唐後主遺風，悼亡詞情真意切，痛徹肺腑，令人不忍卒讀。年僅三十一歲時因病逝世。

一

納蘭性德是個憂傷的夢，若隱若現地懸掛在中國歷史文化的蒼涼天宇，隱秘而無法捕捉，遙遠卻嫋嫋而行。納蘭性德又是一陣孤獨的風，來去無所大痕，卻空留一片潔白清秋，任後人駐足而瞻，心生波瀾淚流滿面。

看過陳道明主演的《康熙王朝》的人，沒有人不會記住那位如「智多星」一樣的風雲人物——宰相明珠。而我們要說納蘭性德，首先就得說說這位明珠，原因很簡單，因為明珠這位權傾朝野大學士，就是納蘭性德的親生父親。

明珠，字端範，姓納蘭氏，生於後金天聰八年，也就是西元 1634 年，明珠之所以能在後來登上宰相的寶座，是因為他的祖父金台什有一個妹妹叫孟古，這個孟古在明朝萬曆年間嫁給了努爾哈

赤為妃，並生下了皇子皇太極。因此納蘭家族與皇室之間一直保持著非常緊密的姻戚關係。

金台什有兩個兒子，分別為尼雅哈和德勒格爾，後來他們都歸順後金，隸滿洲正黃旗。尼雅哈初授佐領，後屢次從征有功。

明珠為尼雅哈的次子，順治時初任侍衛，後任鑾儀衛治儀正，又調內務府郎中。康熙三年升為內務府總管大臣，「掌內務政令，供御諸職，靡所不綜」，成為宮廷事務的最高長官。及至康熙親政之後，明珠更被重用，先任刑部尚書，後來在懲辦了鰲拜以後，明珠參與消除鰲拜集團及其影響時，為朝廷提出了一系列新的建議。康熙九年，他改任都察院左都禦史。明珠是康熙朝最重要的大臣之一，曾名噪一時，權傾朝野，人以「相國」榮稱。他官居內閣十三年，「掌儀天下之政」，在議撤三藩、統一臺灣、抗禦外敵等重大事件中，都扮演了相當關鍵的角色。

在清一朝，說納蘭氏是個有聲望的大家族，為清初滿族最顯赫的八大姓之一，即後世所稱的「葉赫那拉氏」，眾所周知的清末女強人慈禧太后便出自這個家族。

納蘭性德，字容若，號楞伽山人，順治十一年十二月十二日（即西元 1655 年 1 月 19 日）出生在北京。原名成德，因避皇太子胤礽（小名保成）之諱，改名性德。因生於臘月，小時又被稱為冬郎。

納蘭性德年少就聰穎過人，工詩文、擅騎射，文武全才。十八歲中舉，二十二歲時參加了殿試，得二甲第七名，賜進士出身。選授三等侍衛，後晉為一等，武官正三品，扈從於康熙身邊。康熙非常賞識他的才幹，曾委派他到黑龍江呼倫，查勘沙俄侵擾情況，並安撫達斡爾邊民。

納蘭性德雖然是宰相家的大公子，更是可伴君左右的扈從，通常情況下，這樣的背景就註定了，他可一生富貴榮華，繁花著

錦。他大可按一般人的想法，在仕途中去大展鴻圖。但納蘭性德偏偏是「雖履盛處豐，抑然不自多。於世無所芬華，若戚戚於富貴而以貧賤為可安者。身在高門廣廈，常有山澤魚鳥之思」。他所交的朋友是：顧貞觀、嚴繩孫、朱彝尊、陳維崧、姜宸英這些「皆一時俊異，於世所稱落落難合者」。也就是因為他交了這些朋友，才使他能沉到漢族文化的精髓之中，使自身擁有了不同於一般滿清貴族紈絝子弟的遠大理想和高尚人格，並使自己最終成為「清詞三大家」之一。

這裏暫且說說所謂的「清詞三大家」吧，這三大家分別為納蘭性德、朱彝尊以及陳維崧。

朱彝尊（1629-1709），字錫鬯，號竹垞，晚稱小長蘆釣魚師，浙江嘉興縣人。「少而聰慧絕人」，「書過眼復誦，不遺一字」。少年時肆力於古文，博覽群書。雖家境貧寒，常常斷炊，但他依然安坐書房讀書。每每他客遊南北時，一見到廢墟塚墓之文、祠堂佛剎之記，無不搜剔考證。由於他治學嚴謹，根底扎實，終成一代大學者。他五十歲時，以布衣身份參加博學鴻詞科考試，入選，任翰林院檢討，參與修撰《明史》，為浙西詞派的創始人。

陳維崧出生於講究氣節的文學世家，祖父陳於廷是明末東林黨的中堅人物，父親陳貞慧是當時著名的「四公子」之一，反對「閹黨」，曾受迫害。陳維崧少時作文敏捷，詞采瑰瑋，吳偉業曾譽之為「江左鳳凰」。明亡（1644）時，陳維崧才二十歲。入清後雖補為諸生，但長期未曾得到官職，身世飄零，遊食四方，接觸社會面較廣。又因早有文名，一時名流如吳偉業、冒襄、龔鼎孳、姜宸英、王士禎、邵長蘅、彭孫遹等，都與他交往，其中與朱彝尊尤其接近，兩人在京師時切磋詞學，並合刊過《朱陳村詞》。清初詞壇，陳、朱並列，陳為「陽羨派」詞領袖。

　　和朱彝尊、陳維崧兩人比起來，很顯然納蘭性德要出名得多，在歷史的長河裏，納蘭性德所擁有的粉絲要比前兩者多出很多。無論是從家世、才情還是個人生命的傳奇性來說，在所謂的「清詞三大家」中，納蘭性德都是要排第一位的。

　　不說四百多年前了，就算是到了今天，納蘭仍是千百人心目中的迷情大才子。。據納蘭性德史跡陳列館的館長介紹，當今僅京城裏年輕的「納蘭迷」便有著五、六千人。有人說，現在真正的小資是讀納蘭的《納蘭一派》們，對他們來說，納蘭已經不是詞論家眼中的「以自然之眼觀物」的滿族詞人，不是那個淄塵京國的貴公子，而是心底的一種理想和情懷，是他們對於生命最本真情懷的深切關懷。在納蘭詞中，真正體現的人類內心中的真性情與真愛情，感染著每一個人，對於這個被水泥瓷磚裝飾起來的堅硬時代來說，我們每一個柔弱的心靈都需要愛的柔軟點潤，親近納蘭，正是這種需要的某種展現。

　　納蘭性德活的時間並不很長，在世界上只走過了三十一個春秋。但在這短短的有限的生命中，他則給我們留下了彙集了他三百多篇詞作。他的《側帽集》是於康熙十七年問世時，他才年僅二十四歲。但他的《飲水詞》問世時，曾形成「家家爭唱飲水詞」（曹寅語）轟動局面。王國維在論及納蘭性德時說過這樣一段話：「納蘭容若以自然之眼觀物，以自然之舌言情。此初入中原未染漢人風氣，故能真切如此。北宋以來，一人而已。」說納蘭性德是清朝的第一詞人，也許這段話就是根據。

　　納蘭性德的詞，最具影響力的當數《飲水詞》中的幾首〈金縷曲〉。讀著他的詞，會讓你的魂為之飛越，並能體會到「碧海掣長鯨」的情趣。隨便撿起一首來品味一番，比如這首〈金縷曲〉：

未得長無謂。

竟須將，銀河素挽，普天一洗。

麟閣才教留粉本，大笑拂衣歸矣。

如斯者，古今能幾？

有限春光無限恨，沒來由、短盡英雄氣。

暫覓個，柔鄉避。

東君輕薄知何意？

盡年年，愁紅慘綠，添人憔悴。

兩鬢飄蕭容易白，錯把韶華虛費。

便決計、疏狂休悔。

但有玉人常照眼，向名花、美酒拚沉醉。

天下事，公等在。

　　唐代大詩人李商隱有詩〈無題〉中的最後兩局為：「人生豈得長無謂，懷古思鄉共白頭。」李商隱生逢晚唐亂世，又深受牛李黨爭之害，雖懷有「欲迴天地」的理想，終於不能實現，一直鬱鬱寡歡，帶著悲劇的色彩度過了自己的一生，這兩句詩道出了李商隱的悲痛：時光如飛，人生總得決斷，不能隨遇而安，然而又終於無法決斷，因為「懷古」使人想到要像古人那樣建功立業，至死不休；而過去的經歷卻又說明無法進取。「懷古」意味著進，「思鄉」意味著退；進退兩難，只有無可奈何的愁緒催人白頭。

　　納蘭性德在這首詞的首句「未得長無謂。竟須將，銀河素挽，普天一洗。」一上來就反李商隱的詩意而用之，意思是說自己還沒有達到對一切無所牽掛的境界。他認為不能辜負大好時光，應該建

功立業，名垂青史，然後功成歸去，遨遊五湖。從「未得長無謂」至「大笑拂衣歸去」，這幾句寫得氣吐如虹，把少年意氣展現無遺。

然而，當感情的河流狂奔而下的時候，詩人就用「如斯者，古今能幾」一句挽住，這輕輕的歎唱，扭轉了整首詞的情緒，讓我們看到了作者的柔軟和遲疑、悵然與踟躕。緊接著，納蘭迂迴盤曲地展示了自己的苦悶，「有限春光無限恨，沒來由、短盡英雄氣」哎，時光的陰影下，心中儲藏了無限的恨，可又覺得不應該因此銷盡英雄氣慨。

納蘭性德目睹了宰相府的種種事情，早就看到了種種的醜陋與腐敗。於是他審時度勢之後，感覺自己如果持才出世，也一樣成不了救世主。腐敗是註定的必然，誰也無法改變。於是他就只能暫時躲進溫柔鄉裡，去逃避現實。他沒有想到，當人進入了溫柔鄉，躲進了避風港，就很難能再次揚帆起航了。

他悔恨自己事事無成，韶華漸老。憤懣之餘，便索性一切不管，「向名花美酒拚沉醉」。於是他想：橫豎國家大事，有袞袞諸公擔承，也用不著我以天下事為己任了。所以他在末句寫下了：「天下事，公等在」。

就這首詞來看，納蘭的起勢是慷慨磅礴而又纏綿悠然的，中間雖則一步一折，盤旋而下；最後卻陡然撒手，以曠達的姿態來洩露心中的憂憤。他的這種佈局方式，加之他那固的本色文采語言的運用，就將他豪宕崎嶇的詞風發揮得淋漓盡致了。

二

能文善武，才情充沛的納蘭性德，十八歲中舉人，二十二歲中二甲七名進士，加上在中進士的那一年（康熙十五年），以一首〈金

縷曲〉震驚詞壇，可謂是少年得志，春風得意。因此，起初的他，對於仕途還是充滿了自信和嚮往，有著「算功名何許，此身博得」的豪情瀟灑，以及「便向夕陽影裏，倚馬揮毫」的浪漫想像。然而，那位同齡的少年帝王，也許考慮得因素太多，或是別有用意，對於容若的仕途安排，不但令人意外，而且「歷煉」的時間也太過漫長。

按納蘭性德自己的打算，他最想從軍，以「橫戈躍馬」成就自己的凌煙功業，滿人馬上奪取天下，素有尚武的傳統，然而推薦他的官紳卻覺得他做武將不合適，他們覺得他應該進翰林院。

然而事實怎麼樣呢？事實很奇怪，因為納蘭中進士後近一年的時間裏，他不僅從武沒稱心，連從文也沒有得到任用。國家開科取士，絕非納蘭容若一個人的事，考中進士的工作安排，都有慣例和程式，可見納蘭性德沒有按「程式」走。那為什麼沒有呢？有人認為，這應該是康熙打了招呼的緣故。至於康熙葫蘆裏賣的是什麼藥，不得而知，納蘭性德同時代的人只是含蓄地指出皇帝這樣做的用意，是「別有在也」。

這件事對容若的打擊很大。這一年的生日，他自己給自己寫了一首壽詞，發了一通牢騷，感歎自己「碌碌無為」，然而他能做的也是「歎光陰、老我無能，長歌而已」。那一年，他才剛剛二十二歲。風華正茂的年紀，卻寫了這樣一首暮氣沉沉的詩詞，可見內心之苦悶。後人附會說他登第後，「閉門掃軌，益肆於詩詞古文辭」，或說他「擁書數千卷，彈琴詠詩自娛悅而已」，一派雲淡風清的高士風範，殊不知這是他的無奈之舉。

賦閒的一年時間裏，除卻閉門讀書編書外，納蘭性德還替父親為康熙寫了一道〈擬御制大德景福頌賀表〉，這也可能是明珠的苦心安排，不外乎期望兒子漂亮的文字能引起康熙的注意，也好幫兒子安排工作。也許這道賀表還真起了作用，又過了大約半年的時

間，即康熙十六年的秋冬間，納蘭性德終於得到了第一份工作──乾清門三等侍衛，值宿宮門，說白了，也就是給皇帝看門。

這份工作納蘭性德一幹就是三年左右的時間，三年後皇帝給他換了一份工作，雖然沒有升職，但相對要有趣一些，那就是到上駟苑給皇帝搞馬政工作。「平堤夜試桃花馬、明日君王幸玉泉。」月明星稀之夜，騎著一匹桃花馬，沿著湖邊大堤迎風馳騁，想來真是浪漫。為皇帝選馬備鞍，服勞盡職，對於愛打獵、愛巡幸、愛打仗的康熙來說，馬的重要性不言而喻。所以納蘭性德靠近康熙的機會也就多了起來。

納蘭性德做這份工作，可以說是相當賣力的。他的朋友姜宸英回憶他在上駟苑時，只要皇帝上馬出行，他時刻都跟在身旁，鞍前馬後，小心地侍候者，不敢有半點閃失，而且每次都是「奮身為僚友先」，由此可見容若還是很有眼力勁和表現慾的。而且身為皇帝身邊的人，納蘭性德很守規矩，從不摻乎外庭之事。

也許正是他的認真、低調和辛苦，康熙開始用心關注起這位能吃苦又能幹的「相國公子」來。康熙二十一年，苦幹了六年的三等侍衛納蘭性德，終於升職成二等侍衛。當然，漫長六年時間的「歷煉」，我們也可以理解為康熙對納蘭容若的考驗。不管如何，康熙二十一年春，已經二十八歲的納蘭性德迎來了他職業生涯上的春天。也是從這一年起，他開始受到康熙的真正重視，頻繁護駕巡遊。先是扈從東巡，到盛京（今瀋陽）、松花江等地進行了一次非同尋常的尋根祭祖之旅。

還是在這一年的下半年，康熙給了納蘭性德一次鍛煉的機會，讓他陪著副都統郎坦奉使龍梭（索倫），大概目的是要增長他的外交才幹。雖說這次出使道路險阻，勞苦萬狀，可容若卻「恬然自安，不以為慮」，由此可見他還是很樂意享受這樣的外出歷練的機會的。

康熙二十二年，二十九歲的納蘭性德又跟隨康熙扈從西巡了五台、龍泉關、長城嶺等地。康康熙二十三年，他又跟隨康熙扈從南巡，經濟南、過高郵、到金山、下揚州、達蘇州、到無錫、幸江寧（今南京）等地，另外，還特地到曲阜拜祭了孔子。一路上，也先後賜給他金牌、鞍馬、弧矢、字帖、佩刀、香扇等多是小恩小惠的賞賜。

然而，此時的納蘭性德，也許扈從巡幸次數太過頻繁，緣於高度緊張的心理壓力和生理勞頓，繃緊的生命之弦已達極限。他在扈從南巡之前，給朋友寫信自我解嘲，說他「比來從事鞍馬間，益覺疲頓，發已種種，而執殳如昔，從前壯志，都已墮盡」。由此看來納蘭性德最大的心結在於不甘心八年後，他依然還是一個「執殳」的小小侍衛。當年他的父親明珠雖說也是以侍衛起家，漸漸升至最高相位，可他父親升遷的速度和頻率，要遠遠比他強得多。在他這樣的年紀，他父親已經是內務府總管，可他卻八年不「挪窩」，依然只是一個「弼馬瘟」式的侍衛。

與自己周圍的朋友相比，他顯得非常鬱悶。單說他三十歲這一年，朱彝尊入值南書房，秦松齡則成了順天府鄉試正考官官，嚴繩孫也成為《平定三方逆略》的纂修官，而早他三年登科的同門師兄韓菼更是官至侍讀兼日講起居注官。也是在這一年的三月，他的岳父樸爾普以一等公領蒙古都統，六月他的父親又被任命為大清會典總裁官。在他生活的環境裏，好像每一個人都是春風得意，只有他重複著單調、枯燥的侍衛工作。

對於心高氣傲的納蘭性德來講，這種仕途上的挫敗感和無力感，有著致命的殺傷力。巨大的在心理落差和壓力，使得他一直鬱鬱寡歡。看不到希望的他只好以酒來麻醉自己，自我安慰說「人言身後名不如生前一杯灑，此言大是」。

然而正是這一時期，事情突然有了一線轉機。或許正是連續三年鞍前馬後的小心服侍，使得康熙對納蘭性德產生了刮目的看法，或許皇帝覺得「啟用」他的時機成熟了。康熙開始頻繁而明確地給容若傳遞信號。譬如在南巡歸來第二年（康熙二十四年）的三月十八日，這一天正是康熙的生日（時稱萬壽節）。他特地御筆親書了一首賣直的〈早朝〉，送給納蘭性德：

> 銀燭朝天紫陌長，禁城春色曉蒼蒼。
>
> 千條弱柳垂青鎖，百囀流鶯繞建章。
>
> 劍佩聲隨玉墀步，衣冠身惹御爐香。
>
> 共沐恩波鳳池上，朝朝染翰侍君王。

四月下旬，康熙又令納蘭性德將御詩〈松賦〉翻譯成滿文，納蘭做得漂亮，康熙很是滿意，提拔他為一等御前侍衛。這個時期，朝廷中也適時出現了良好的輿論氛圍，傳說納蘭性德不會長久在侍衛行列中了，皇上以「早朝」詩賜之，那就很清楚地表明，不會再將文武雙全的納蘭性德當內廷「家僕」用，而是要付以政事，委以重任，轉正做「朝臣」工作了。對此納蘭性德非常高興，認為自己出人頭地的日子即將到來。

然而就在這時，也就是歷經九年的侍衛生涯煎熬後，快要修成「正果」的時候，老天爺卻很惡意地開了一個大大的玩笑。五月的一天，納蘭性德和梁佩蘭、顧貞觀、姜宸英等幾位要好的朋友歡聚花間草堂，喝酒賦詩，相談甚歡。以他當晚〈詠夜合歡〉詩情判斷，他心緒平和，只是一次很普通的朋友聚會罷了。但是聚會的第二天，容若突然毫無徵兆地病倒了，據說是舊疾寒病復發（或說中暑），「七日不汗」，然後徹底離去。

在納蘭性德病重期間，康熙曾多次派遣中官侍衛和御醫，每日都有數批「絡繹至第診治」。病勢危殆之時，康熙甚至還親自開藥方賜之，然而，等不及到把藥方送來，納蘭性德就匆匆離開了塵世。康熙聽到這個消息後，極為震悼，派出皇家代表前去祭奠，「恤典有加」。納蘭性德死後的第四天，他曾出使的梭龍部族歸附朝廷。康熙感歎容若有功於此，還特地派遣官使到靈前「哭而告之」。由此可見，康熙對於納蘭性德還是恩寵有加的，只是這「浩蕩皇恩」來得有些太遲。

三

納蘭性德是個不折不扣的情種。

他的一生，雖也有三房四妾，可情獨專「首席」元配夫人盧氏。

有的史學家透過對納蘭性德詞的研究後得出結論，納蘭性德在娶妻之前，一定有過一段刻骨的初戀。而有的小說家則根據自己的想像，說這個初戀的對象就是納蘭性德的表妹，後來進宮做了康熙的妃子。這種想像在歷史上是站不住腳的，因為史料記載，康熙妃子中與納蘭家有關的，只有納蘭性德的姑姑齊妃納蘭氏，姑姑怎麼可能會是納蘭性德的初戀對象呢？

不管他有沒有初戀，也不管他的初戀對象是誰。納蘭性德二十歲時，就娶了兩廣總督盧興祖之女為妻，這一年納蘭性德十九歲，盧氏年方十七歲。有關盧氏之記述道：「夫人生而婉，性本端莊，貞氣天情，恭客禮典。明璿佩月，即如淑女之章，曉鏡臨春，自有夫人之法……幼承母訓，嫻彼七襄，長讀父書，佐其四德」。可見盧氏乃美麗端莊、有教養、有文化、三從四德之標準淑女。

　　成婚後，二人夫妻恩愛，感情篤深，恩愛美滿。從此時期容若之詩詞，可感受到其神怡心醉的燕爾之悅：「戲將蓮葯拋池裏，種出蓮花是並頭。」其庭院中以嬉戲表達對愛情之美好憧憬活現眼前。「偏是玉人憐雪藕，為他心裏一絲絲。」勾畫出心心相印和愛之綿綿。「為怕花殘卻怕開」表達容若不敢輕意觸動美好，生怕失卻之擔心。「獸錦還餘昨夜溫」紅綃帳中臥鴛鴦的回味、重溫，如癡似醉。「自把紅窗開一扇，放他明月枕邊看。」無限溫馨中，對心上人之傾心研讀與細細欣賞，才子遇佳人，風月無邊，天地浪漫。

　　「千重煙水路茫茫，不許征人不望鄉。次是月明無睡夜，盡將前事細思量。」「碎蟲寒葉共秋聲，訴出龍沙萬里情。遙想碧窗紅燭畔，玉纖時為數歸程。」心繫嬌妻，千里寄懷。如是郎才女貌，乃天設地造之佳配也。此時恰浪漫年齡，新婚燕爾，真正之生活尚未開始，各種矛盾均未形成、展開。更相容若之特質與其詩詞之魅力：昇華情感，煊染生活，能帶著理想，牽魂引魄，遊夢天方，如比翼之鳥，振翅雙飛。一路歡歌。可謂容若昇華了愛情，愛情成就了容若。

　　和盧氏的三年，應是容若最幸福、最快樂，也是最輕鬆的三年。那時的容若風華正茂，結婚第二年，便中了進士，也正是春風得意之時。和嬌妻朝夕相伴，吟詩作畫，卿卿我我，實在是恩愛得緊。然而，不幸的是他們僅在一起生活了三年，盧氏就因產後受寒而亡。在無情的命運面前，「不信鴛鴦頭不白」的海誓山盟，輕飄飄得像一個笑話。

　　富貴又如何？挽不住生命，美麗又如何？等不得未來，年輕又如何？止不住病魔。一切的一切，都在命運之神的隨意「撥弄」間，全部化作雲煙，一旦之間就煙消雲散了。「瞬息浮生，薄命如斯」的慘澹現實，是年輕的容若無法承受的「生命之輕」，他倒是願意

相信那只是一場噩夢罷了。便是在雙林寺給亡妻守靈時，他仍難以接受盧氏已去的事實：

> 挑燈坐，坐久憶年時。薄霧籠花嬌欲泣，夜深微月下楊枝。催道太眠遲。
>
> 憔悴去，此恨有誰知，天上人間俱悵望，經聲佛火兩淒迷，未夢已先疑。

從此「悼亡之吟不少，知己之恨尤深」就成了納蘭性德寫詞的一大特色，喪偶的疼痛，在納蘭的心中成了長久的無法癒合的傷口，揮之不去。

撿一首他的〈蝶戀花〉來看：「辛苦最憐天上月，一昔如環，昔昔都成玦。若似月輪終皎潔，不辭冰雪為卿熱。無奈塵緣容易絕，燕子依然，軟踏簾鉤說。唱罷秋墳愁未歇，春叢認取雙棲蝶」。

這首詞以「辛苦最憐」四字領起，讀來讓人頓感天邊那一泓寒碧，漾起許多情思。似乎我們可以看到納蘭性德仰望夜空一輪皓月，浮想聯翩而至，情感勃鬱而生。他高聲歎道：「明月呀明月，最可憐你一年到頭東西流轉，辛苦不息；最可惜你好景無多，一夕才圓，夕夕都缺。」

隨著情感的高漲，想像的飛騰，他進一步夢想起來，那一輪明月彷彿化為他日夜思念的愛人，用她那皎潔的光輝陪伴著他。此時，詞人也發出了自己的誓言：要不畏「辛苦」，不辭「冰雪」奔向自己愛人身畔，以自己的身軀與熱血「為卿熱」。無奈天路難通，一個天上，一個人間，遐想煙消雲散之後，剩下的只是對往事的追懷和物是人非的沉痛感慨。

於是他又將自己拉回到現實之中，他看到了一雙燕子輕盈地「軟踏」在簾鉤之上。燕子呢喃、似絮語；它們在說什麼？是說當年這屋裏曾有過一對「絕世佳人」吧？我們從那個「說」字裏，就可以想像出，那小屋曾是何等的旖旎的溫柔鄉。但這一切都消失了，只有眼前這簾鉤上的燕子了。

最後的兩句我們似乎看到他對著秋墳，癡心地發願「眼淚已流盡，悲歌已唱完，倒不如率性化去，和死去的愛人一起變作一雙蝴蝶，到來年，春光如海萬花叢中，有一對雙棲雙飛彩蝶，那彩蝶使我們永遠地擺脫悲哀，並永遠地相依在一起，讓天下人都來認取這對蝴蝶吧！

身上流淌著高貴的血液。父族是外戚，母族是皇室，卻自詡：「自是天上癡情種，不是人間富貴花」。

身為康熙皇帝的御前侍衛，深得信任和恩寵，卻有「身將雲路翼，緘恨在雕籠」的感歎。

身擁絕世的才情、出眾的容貌、濯濯的風采、高潔的品行；太完美的人，上天都會妒之，則應了「世間好物不堅牢，彩雲易散琉璃脆」這句哲言。

在盧氏去世的三年後，納蘭性德續娶了官氏。如果說盧氏出自「名門」。那麼官氏就是出自「豪門」了。她是滿清八大貴族的第一望族──瓜爾佳氏的後人，其曾祖父直義公費英東，性格忠直，作戰勇敢，是清朝的開國元勳，努爾哈赤最為依重的五大臣之一；其祖父圖賴，父親樸爾普，也都是被封為一等公。出生在這樣「奕世簪纓，貴盛其比」的大貴族家庭，官氏的「貴氣」肯定不缺，身為滿族女子，又是武將的後代，可能還有幾份「霸氣」和「豪氣」，雖不敢說沒教養，沒文化，但肯定不是和盧氏一般嬌柔賢慧的淑女模樣。

想來這樣的女子，納蘭性德實在無法喜歡起來。

可不管納蘭容若喜歡不喜歡，官氏尊貴的身份和起碼的地位還是應該有的。說來也奇怪，這位堂堂正正的「二夫人」卻在納蘭家族的祖塋裏遍尋不到有關她的墓碑。更讓人費解的是，容若墓前由徐乾學所做的〈皇清通議大夫一等侍衛佐領納蘭君墓誌銘〉（今存首都博物館）刻石上，介紹「繼室官氏，光祿大夫少保一等公樸爾普女」句時，石上「樸爾普」三字被人鑿去，字痕模糊。而在徐乾學後來所修訂的《通志堂集》中，刊刻此段銘文，也僅有「繼室官氏，某官某之女」寥寥數字。如此隱晦的手段，有專家猜測是官氏的父親「或曾獲罪朝廷‧墓銘遂剗去其名姓」。不過，稽諸史實，樸爾普並無罪愆，且去世遠至康熙五十年之後，可見「因罪諱名」的說法並不成立。那麼，根據合理的猜想，這位歷史面目模糊的官氏，可能在嫁給容若後，夫妻關係並不融洽。在納蘭性德的詩詞中，也似有暗指，譬如〈點絳唇〉中有「一種蛾眉，下弦不似初弦好」句。再者，兩人結婚四年，卻沒有子嗣（相對比的是，無論盧氏，還是其他側室，皆有容若的骨肉），也不是一件正常的事情。

對納蘭來講，盧氏就是他的「唯一」，正如他在詞中鬱鬱唱道：「一生一代一雙人，爭教兩處銷魂？」也許「悲情」就是上天給他定好的命運基調，命運的偶然，悲劇的巧合，令人懷疑那是一場精心預謀的「天殺」或「自殺」。就在盧氏去世八年之後，同樣是在一個同月同日的「葬花天氣」（陰曆五月三十日），他和盧氏一樣，以同樣突然，同樣匆匆的方式離開人世。這樣的結局，還真是應了他在盧氏忌日寫的〈金縷曲〉中的那一句：「待結個、他生知已。還怕兩人俱薄命，再緣慳、剩月零風裏。清淚盡，紙灰起。」

可是，上天覺得這樣的悲劇還不夠深刻，它要讓悲情的容若背負更多的「情感傷痕」，以此嘲笑人類的渺小和脆弱。

就在納蘭性德三十歲那年，已做了七年御前侍衛的他聽說江南吳程有一句沈姓的才女「頗佳」，就借好友顧貞觀南歸之便，代他「略為留意」。於是，這名叫沈宛的姑娘就結識了納蘭性德。沈宛同樣是一位歷史面貌模糊的女子。據猜測，應是一名江南藝妓，不過頗有才名，著有《選夢詞》。也許容若看過她的詞作，加上他的那些江南文人朋友舉薦，不免動心。按沈宛詞中「雁書蝶夢皆成杳」推斷，兩人見面前可能還有過書信來往的唱和。而在容若扈駕南巡之時，兩人也可能找機會見過面，容若也曾為她寫過一首〈浣溪沙〉：

> 十八年來墮世間。吹花嚼蕊弄冰弦。多情情寄阿誰邊。
>
> 紫玉權斜燈影背，紅綿粉冷枕函偏。相看好處卻無言。

由此看來納蘭性德很是喜歡這位嬌柔貌美，又不乏靈動氣質的江南才女。兩人相愛相戀，也應是不爭的事實。除卻彼此傾慕才名外，沈宛從良，嫁於這位有才情、有身份、有地位的貴公子，當然非常高興。另一方面，納蘭性德覓得一紅顏知己，自然也很是滿意。然而，由於沈宛的身份尷尬，容若的工作特殊，加上滿漢不通婚，社會地位懸殊等時代和流俗的制約，兩人的結合，自然只能以非常規的手段「私下行之」。

康熙二十三年的九月，顧貞觀受納蘭性德之託，攜沈宛進京，同年底，納蘭性德納其為妾。然而，納蘭相府是容不得這樣一位出身青樓的漢族女子，不但不能進納蘭府，甚至連個妾的名份也不給。納蘭性德只好在德勝門內置房安頓。想來有情有義的容若，在當時肯定是盡一切力量為沈宛爭取權利和幸福。可不等他把一切都

安排妥當，就匆匆離開人世。他和沈宛的愛情，剛剛起跑，就再次被粗暴的命運之神貼上休止符。

納蘭性德死後，待沈宛產下名叫富森遺腹子後，納蘭相府或客氣，或不客氣地將其「請回」江南。富森倒是名正言順被歸入納蘭家族的族譜，並得以善終。在他七十年的時候，還被乾隆邀請參加了太上皇所設的「千叟宴」。至於他的母親，納蘭家族卻絕口不提。

苦情的沈宛返回江南後，集於對納蘭性德止不住的思念，寫下了不少悼亡之作，相傳其文采「豐神不減夫婿」。後來不知所終。

納蘭性德愛妻、情人之生離死別，猶感情生活之一波三折，宕蕩起伏。其詩詞憑添冷暖色彩。愛得要死，恨得要死，均凝結著千古詠歎。

四

提到納蘭性德，絕對無法不提另外一個人：賈寶玉。

小說《紅樓夢》問世以後，許多人「考證」賈寶玉的原型即納蘭性德。徐柳泉（道光時人）說：「小說《紅樓夢》一書即故相明珠家；金釵十二，皆納蘭侍衛所奉為上客者也。」俞樾（清朝的經學大師的一本書裏也提到：「《紅樓夢》一書，世傳為明珠之子而作。明珠子名成德，字容若。」錢靜方（近代學者。）在《紅樓夢考》中寫道：「寶玉固全書之主人翁，即納蘭侍御也。」都認定賈寶玉的原形就是納蘭性德，而這其中，最富有說服力的論據則來自趙烈文的《能靜居筆記》：

> 曹雪芹《紅樓夢》，高廟（按指乾隆）末年，和（和珅）以呈上，然不知其所指。高廟閱而然之，曰：「此蓋為明珠家事作也。」後遂以此書為珠遺事。

也就是說，大臣和珅把《紅樓夢》呈給了當時的皇帝前凌空，乾隆看了《紅樓夢》後，說書中寫的乃是康熙朝的大學士明珠的家事呀，由此推論，其中的賈寶玉應該就是明珠的兒子、著名的詩人納蘭性德了。

那麼納蘭性德怎麼與曹雪芹聯繫上的呢？說來有點故事。因為納蘭性德和曹雪芹的祖父，也就是曹寅關係甚好，時有交往。納蘭性德曾有一首詩，名字叫〈滿江紅・為曹子清題其先人所構楝亭，亭在金陵署中〉：

> 籍甚平陽，羨奕葉、流傳芳譽。君不見、山龍補袞，昔時蘭署。飲罷石頭城下水，移來燕子磯邊樹。倩一莖黃楝作三槐，趨庭處。延夕月，承晨露。看手澤，深余慕。更鳳毛才思，登高能賦。入夢憑將圖繪寫，留題合遣紗籠護。正綠陰青子盼烏衣，來非暮。

這裏的曹子清表示別人，正是曹雪芹的祖父即曹寅。

曹寅先世漢族，其母孫氏曾做乾隆皇帝弘曆的保姆，隸屬正白旗。曹寅與納蘭性德曾經同事康熙帝侍衛八年，交誼很深。不僅如此，兩人還多有詩作唱和，比如康熙三十四年（1695）秋，曹寅在江寧織造任上時，曾在一次朋友聚會時作詩〈題楝亭夜話圖〉，其後半部分有以下句子：

> ……憶昔宿衛明光宮，楞伽山人貌姣好；馬曹狗監共嘲難，而今觸痛傷枯槁。交情獨剩張公子，晚識施君通紵縞；

多聞直諒復奚疑，此樂不殊魚在藻。始覺詩書是坦途，未防
車轂當行潦。家家爭唱飲水詞，納蘭心事幾曾知？斑絲廓落
誰同在？岑寂名場爾許時。

「憶昔宿衛明光宮，楞伽山人貌姣好。馬曹狗監共嘲難，而今
觸痛傷枯槁。」「楞伽山人」是納蘭容若的號，曹寅在詩中懷念當
年在明光宮當侍衛時，納蘭性德一表人才，馬曹、狗監（可能是指
一些同在宮中工作的人）常開他玩笑的情景，而現在容若已經去
世，感到分外傷痛。最後他還痛心地寫道：「家家爭唱飲水詞，納
蘭心事幾曾知？斑絲廓落誰同在？岑寂名場爾許時。」什麼意思？
意思就是：雖然大家都在吟唱優美的《飲水詞》，但誰又能真正瞭
解納蘭性德的內心呢？現在我已經是斑斑白髮，空寂孤獨，有誰與
我同在？寂寞寧靜的詩壇也只能如此了。

除此之外，說曹雪芹塑造賈寶玉受到了納蘭性德的啟發，還有
幾點緣由：

首先，明珠、納蘭性德和曹雪芹都生活在清朝初期到中期所謂的
「康乾盛世」，他們的家世與經歷，有許多相似之處，納蘭家族和曹
氏家族都是官宦世家。納蘭家族是正統滿洲貴族。曹家祖上是漢人，
後編入正白旗包衣。清朝建立後，曹家成為管理宮廷雜務的內務府成
員。曹寅的生母曾是康熙的乳母，曹寅還當過皇帝的伴讀，曹雪芹的
姑姑是平郡王納爾蘇的福晉。曹家三代四人相繼擔任江寧織造六十多
年，康熙南巡六次，有四次住在曹氏任職期間的織造府內。而且納蘭
性德、曹寅與康熙帝是年齡相近的「一起玩大」的少年君臣。

其次，曹家和納蘭家族的命運都與變幻不定的政治風雲聯繫在
一起。明珠也和一般的封建大官僚一樣，由於位高權重，重蹈了把
持朝政、結黨營私、貪財納賄的覆轍，被參劾罷相。曹家也被告發

挪用公款，出現虧空而被撤職查抄。他們還都曾捲入宮廷的權力鬥爭，而且都屬於皇八子胤禩朋黨。納蘭性德的弟弟揆敘因在立儲問題上提及「八阿哥」，使得康熙震怒，被降職。雍正繼位後更是連死人也不放過，追究他以前結交皇子的罪狀，降諭把揆敘墓碑改刻為「不忠不孝陰險柔佞揆敘之墓」。曹家也因為立儲問題與皇八子和皇九子結黨，遭到雍正的厭惡。

再則，在個人的修養和品性上，納蘭性德和曹雪芹也有相似之處。他們都是極富才華之人，納蘭性德非常博學，涉及文學、歷史、地理、天文、音樂等，他的詞作更是獨樹一幟。曹雪芹也多才多藝，這在《紅樓夢》裏有很好的展示。納蘭性德與曹雪芹還都有情重義，喜歡結交朋友。在大量的納蘭的詩詞作品中，與《紅樓夢》和賈寶玉暗合之處非常之多。以至於有人認為《紅樓夢》這個名字也受到了納蘭性德詩詞的影響。

例如在納蘭詩〈飲水詩·別意〉六首之三就有：

獨擁餘香冷不勝，殘更數盡思騰騰。今宵便有隨風夢，知在紅樓第幾層？

又《飲水詞》中〈於中好〉一闋是這樣：

別緒如絲睡不成，那堪孤枕夢邊城。因聽紫塞三更雨，卻憶紅樓半夜燈。

又有〈減字木蘭花〉一闋詠新月云：

莫教星替，守取團圓終必遂。此夜紅樓，天上人間一樣愁。

「紅樓」兩字反覆出現。

　　另外還有人認為，在納蘭性德的〈金縷曲·亡婦忌日作〉一闋前首三句云：

　　此恨何時已。滴空階、寒更雨歇，葬花天氣。

《紅樓夢》中「葬花」二字則源出於此。

　　從以上各點可以看出，《紅樓夢》即納蘭家事這類說法雖難免附會，但曹家與納蘭家之間也的確有相似之處，而且曹雪芹也不可能對前朝的變故包括明珠家族的興衰一無所知，再加上自己的親身經歷，所以，他在寫作《紅樓夢》時，透過各種途徑瞭解納蘭性德的性情，將其融會到小說之中，確實是有可能的。

　　然而我們並不能由此推斷納蘭性德就是賈寶玉，因為在這兩人之間，其實也存在諸多差異。首先，納蘭性德不像賈寶玉那麼鄙棄科舉。他十七歲就讀於太學，十八歲中舉人，十九歲就通過了會試，就差殿試一關。而賈寶玉只是在選拔舉人的鄉試中中了第十三名，論功名，比納蘭性德差得太多了。可以說，納蘭成德是熱心科舉仕進那一套的，遠沒有賈寶玉超逸灑脫。

　　其次，賈寶玉有些文才，納蘭性德卻是文武全才，而且文武兩個方面都有所展示。文才方面，曾經奉康熙命寫過〈乾清門應制詩〉，翻譯過康熙寫的〈松賦〉，都很令康熙滿意，更不要說流傳後世的多首詩詞了。武的方面，才幾歲就善於騎馬射箭，中進士不久，就被任命為三等侍衛，射箭更是達到了百發百中水平。

　　第三，納蘭性德雖然只活了三十歲，人生經歷卻相當完整。他一生娶過兩個妻子。而且身後留下三個孩子，兩個兒子和一個女兒，兒子一個叫福格，一個叫福爾敦。根據雍正三年（西元 1725年）六月的一條「上諭」中「年羹堯又係明珠之孫婿」一句，納蘭

性德這個女兒是嫁給了年羹堯的。而賈寶玉則一生未曾婚配，且以出家出世為其歸宿。

所以說，我們又不能簡單地把納蘭性德和賈寶玉畫上等號。其間曲折種種，後人也許只能觀望揣測，實在無法給出任何定論。

‧‧‧‧‧‧‧‧‧‧‧

納蘭性德終究遠去，他的悲傷他的困苦無奈，業已隨著歷史風塵而逐漸消散。只是他依舊會隨風而來，他的才情和詩詞，傳奇和過往，一如蒼天之下的塵埃，永遠地拂不去的。家家爭唱飲水詞，畢竟這份榮譽，已經足以安慰他的亡魂。

納蘭性德留給我們的美，也許會模糊，但註定不會滅絕。

不負如來不負卿

——六世達賴倉央嘉措

倉央嘉措（1683-1706 年），西藏第六世達賴喇嘛，西藏歷史上最為傳奇的著名人物，出生於西藏南部門隅之拉沃宇松，從小資質靈敏，曾拜五世班禪為師，落髮受戒，取法名為洛桑仁欽倉央嘉錯。是西藏歷史上最有才華的詩人。其所創作的多首詩歌，描寫男女戀情，諷刺封建禮教，內容純樸自然，富有民歌風味，膾炙人口，在藏族群眾中廣為流傳。著有《倉央嘉措情歌》。

一

每當聽到有人提及西藏的時候，我內心就情不自禁地激動起來，因為她總是讓我想起來那個充滿著傳奇色彩的人物——倉央嘉措。

倉央嘉措為西藏六世達賴喇嘛，是西藏歷史上最有才華的詩人，他所創作的詩歌一直流傳至今，他的詩歌多為描寫男女戀情，每每讀起來讓人有種痛徹心扉的感覺，文字是那樣的清澈而直達心底。其實我對他並不是非常瞭解，儘管如此，可在我的內心深處，早已描摩出倉央嘉措的形象來，想像中他應該是一個面目清秀的男子，也許遠離真實，但我固執地認定了他在我心中那個俊朗而又帶憂鬱的面容，在經殿香霧中若隱若現，以及穿著華麗的朱紅僧袍行走在高原曠野中那孑孑而行的修長身影。

就是這樣一個人所寫的詩歌在西藏的上空盪氣迴腸三百餘年，然而他在最好的年華卻溘然而逝，只在這個世界駐足僅僅二十四個青春年華，給後世留下了一段長達三百餘年的歷史迷團。

倉央嘉措：一個詩人，一首情歌，一段傳奇。

據記載：「倉央嘉措，原名洛桑仁欽倉央嘉措，原籍西藏南部門隅地區。父名扎西丹增，出身於寧瑪派咒師世家。倉央嘉措生於清康熙二十二年（1683）。被第巴桑結嘉措選為五世達賴靈童後，於康熙三十六年（1697）藏曆九月從五世班禪羅桑益西受戒，同年十月於布達拉宮行坐床禮。康熙四十年（1701 年），拉藏汗與第巴桑結嘉措不和，矛盾日益惡化。康熙四十四年（1705 年）拉藏汗派人誅殺桑結嘉措。事後，拉藏汗派人赴人北京向康熙皇帝報告桑結嘉措『謀反』的經過，並奏桑結嘉措所立的倉央嘉措不是真正的達賴喇嘛的轉世靈童，平日裏耽於酒色，不守清規，請求廢黜六世達賴喇嘛。於是康熙皇帝便下令將倉央嘉措執送北京。康熙四十五年（1706）押送北上行至青海湖後，於一個風雪夜失蹤，遁去，不知所終。」

關於倉央嘉措的死因，成了一個永遠的迷。民間流傳著比較廣泛的三種說法：

傳說一，倉央嘉措在押解進京途中，病逝於青海湖。

傳說二，倉央嘉措在路上被政敵拉藏汗秘密殺害。

傳說三，倉央嘉措被清帝囚禁於五臺山，抑鬱而終。

正史《聖祖實錄》中記載：康熙四十五年，理藩院題，駐紮西寧喇嘛商南多爾濟報稱，拉藏汗送來假達賴喇嘛，行至西寧口外病故。

　　我看過《六世達賴喇嘛倉央嘉措》一書中高平先生詳盡描述了眾多疑惑的答案，解答得似乎也合情合理，但終歸是帶有個人主觀主義的成分，不足為信。

　　其實正史也好，野史也罷，一切的一切都早已消失在滾滾的歷史塵埃中。但他那富有傳奇色彩而短暫的一生，留下了不少動人心弦的不朽詩歌，以及一個永遠無法解答的愛情絕唱，當時光穿越到今天再次吟唱倉央嘉措的詩歌，不禁讓人深深地感慨，他是那樣的虔誠，那樣的熱烈，那樣的癡情，從而把愛情的佳話演繹成一段永恆的傳奇，把愛情的詩章鑄造成一座不朽的豐碑。

二

　　而民間相傳五世達賴喇嘛六十六歲時在布達拉宮圓寂，他手下便自作主張隱瞞了達賴喇嘛的死訊，他向外公佈說達賴老了，加之年老病衰，需要每天在密室裏閉關靜坐，研習佛法，不願公開露面。後來被人向清朝康熙皇帝告密，懾於清朝政府的威力，立即派人前往北京報告康熙皇帝，宣稱五世達賴喇嘛已死十六年，其轉世靈童已十五歲的消息，並請求朝廷寬恕，承認六世達賴喇嘛倉央嘉措。就這樣他被推上了政治舞臺。

　　而此時年僅十五歲的倉央嘉措，便遠離自己的家鄉來到那個恢弘綺麗的布達拉宮大殿，每天從早到晚沒完沒了的誦經禮佛以及那高牆深院裏戒律森嚴的生活使他非常厭煩，這讓他極為懷念自己的童年時期在家鄉那無拘無束的美好生活。於是他便穿上俗人的衣服戴上長長的假髮，化名唐桑旺布，偷偷地溜到布達拉宮下的雪村，潛游於酒肆民家及拉薩的街頭，享受世俗生活的歡樂。

他寫了一些詩歌，反映了他過著活佛和俗人的雙重生活，其中有兩首這樣寫道：

> 住在布達拉宮裏，
> 是活佛倉央嘉措；
> 進入拉薩民間，
> 是蕩子岩桑旺布。

> 住在布達拉宮裏，
> 我是雪域最大的王，
> 在拉薩的大街上流浪，
> 我是世界最美的情郎……

其中有次他微服夜出布達拉宮和情人幽會，恰巧那天夜裏下起了大雪，等到他黎明歸返時將足跡印在了雪地上，被宮中侍者發現，於是風流韻事便大白於世。然而倉央嘉措坦然處之，直言不諱，他寫道：

> 夜裏去會情人，
> 黎明遇著大雪；
> 腳印留在雪上，
> 瞞也瞞不過去。

而這期間他相識了一位十分漂亮的民間少女——仁珍旺姆。從此便陷入了愛河，他以自己的真情摯感，寫出了大量的謳歌人間的愛情生活的情歌。

> 在那東方山頂，
> 升起皎潔月亮，

年輕姑娘面容，

漸漸浮現心上。

是她讓倉央嘉措心中的情愛被激發，被綻放。然而這對一個普通人來說，應該是件很美好的事情。但對倉央嘉措來說，是絕對不允許的，他是個僧人，是個活佛，是不可以有著塵世間的兒女情感。而以他的身份，從一開始這就註定了是一個悲劇的結局。

我聽過譚晶的《在那東山頂上》這首歌，歌詞就是取自倉央嘉措的詩句，譚晶那寬厚而嘶啞的歌聲似乎是在傾訴內心的苦悶心事。歌詞後半部分則取自倉央嘉措另一首直白而令人尋味的詩：

第一最好不相見，如此便可不相戀。

第二最好不相知，如此便可不相思。

第三最好不相伴，如此便可不相欠。

第四最好不相惜，如此便可不相憶。

第五最好不相愛，如此便可不相棄。

第六最好不相對，如此便可不相會。

第七最好不相誤，如此便可不相負。

第八最好不相許，如此便可不相續。

第九最好不相依，如此便可不相偎。

第十最好不相遇，如此便可不相聚。

但曾相見便相知，相見何如不見時。

安得與君相訣絕，免教生死作相思。

看到這首不由讓我想起倉央嘉措同一時期的另一個悲情才子納蘭容若所寫的一首詩：

人生若只如初見，何事秋風悲畫扇？等閒變卻故人心，卻道故人心易變。

驪山語罷清宵半，夜雨霖鈴終不怨。何如薄幸錦衣郎，比翼連枝當日願。

同樣的感情，同樣的想念，但倉央來的那樣直白而溫情，而納蘭卻是如此地絕望。初次相見總是那樣的美好，而之後呢？或離開，或等待。然而這個世界總有一種思念讓人撕心裂肺，可以瞬間擊透任何一個人原本脆弱的心，只是倉央嘉措讓這樣的思念盡情釋放，而納蘭容若則把它深深的埋在了心底。

其實見與不見已經不再重要，很多時候，愛情不過是一場獨角戲而已。或喜悅，或痛苦，亦是冷暖自知罷了。文字也不過是將內心的情感釋放出來而已，而寥寥數句便足以令人頓感迴腸盪氣的震撼，亦如他的另一首詩〈見與不見〉：

你見，或者不見我
我就在那裏
不悲不喜

你念，或者不念我
情就在那裏
不來不去

你愛，或者不愛我
愛就在那裏

不增不減

你跟，或者不跟我
我的手就在你手裏
不捨不棄

來我的懷裏
或者
讓我住進你的心裏
默然相愛
寂靜歡喜

很多時候我總是在默默在心中哼吟這首詩，是那樣地直白而虔誠，一種對愛情不離不棄的誓言，而倉央嘉措那種如此深沉的愛讓人深深地被折服。而有時候我總在想，對於他這樣一種身份來，那樣離經叛道的行為是需要多麼大的勇氣啊。然而在世俗生活中有多少人能做到呢？

當我們再仔細想想，那些曾經離經叛道的人有幾個是落得個好下場，最終都是悲劇而結束。

或許這就是宿命吧，我們都無路可走，別無選擇，倘若選擇了背叛，那就註定了悲劇的一生。

可是倉央嘉措卻是個例外，他的行為是那樣的驚世駭俗，他對於愛情的大膽追求，但這註定了他要經受痛苦的煎熬。作為達賴，他是所有藏民心中的佛，他不是凡人，卻去追求凡人的生活。他本不該有七情六慾，卻因此而亂了體統，為了一個女子，忘記了佛的

諄諄教誨。然而，內心的矛盾與彷徨，讓他最終喊出了「世間安得雙全法，不負如來不負卿」。這句看似再尋常不過卻飽含掙扎和糾結的句子。

現實生活總是那樣的殘酷，很多時候似乎總喜歡捉弄人，不管你喜歡或者不喜歡。譬如蒼央嘉措只想過那種最簡單的世俗生活，卻把他推上了那紛亂複雜的政治舞臺；而他想要如同平凡人那樣擁有最簡單的愛情生活，卻猶如水中撈月霧中看花一樣，是那樣地無奈而虛無。這種痛苦是無法表述的。「自理愁腸磨病骨，為卿憔悴欲成塵」當愛情的幻想最終破滅的時候，那顆曾經堅強而滿懷希望的心在瞬間崩塌。

我突然想德國哲學家叔本華說：人生就是痛苦！然而隨著時間的推移和生活的閱歷的加深，讓我慢慢地領悟到，原來只有痛苦才是真正的人生。

那麼我們還能做什麼呢？我想應該是將自己所擁有的感情好好珍惜。倘若你還沒學會珍惜，那麼就讓時間來教會你。流年似水，愛情在時間的河流中中淌過，看似不留痕跡，卻帶不走激情，留下雋永。時間給愛情以滄桑和厚重，在時間流逝中，我們都已經經歷過，於是，懂得了珍惜。

很多時候當我看到蒼央嘉措情詩的一剎那，我總有種恍若隔世的感覺，似乎自己剛剛經歷一場轟轟烈烈的愛情。而內心暗忖：難道愛情真的就像別人所說的那樣，是每個人難以逾越的宿命？

我想起曾經看過的那部電影《王者之心》，那樣一個並不複雜的愛情故事卻深深地感動了我，當看完的時候我猛然發現自己已是淚流滿面。當電影裏主人公領悟到愛情的真諦的時候，他的生命已經走向了人生的終點。

　　而我的腦海裏深深記得：我不知道生命是否比死亡更偉大，但愛超越了這兩者……宿命無可選擇，愛戰勝一切！

　　或許正因為這種穿越生死的愛情，給我們以希望和溫暖而活下去的力量。或許正因為這樣愛情才顯得神聖而彌足珍貴。

　　有些感動自己知道就足夠了，亦如有些思念默默放在內心深處就好。那樣深刻的體驗，或許一輩子都無法忘卻，因為經歷所以美好。

　　每首詩，每支曲子，如同人一樣都有著各自的靈魂，而每個人都會有著自己獨特的見解。每當深夜的時候我總習慣在孤燈下聽那首《倉央嘉措情歌》，歌詞取自《那一夜那一天那一月那一年那一世》，不同的歌者，不同的演繹。當我聽到吳虹飛的歌聲感覺有著莫名的感傷：

> 那一夜
>
> 我聽了一宿梵唱
>
> 不為參悟
>
> 只為尋你的一絲氣息
>
>
> 那一天
>
> 我閉目在經殿的香霧中
>
> 驀然聽見
>
> 你頌經中的真言
>
>
> 那一月
>
> 我搖動所有的經筒

不為超度
只為觸摸你的指尖

那一年
磕長頭匍匐在山路
不為覲見
只為貼著你的溫暖

那一世
轉山轉水轉佛塔
不為修來世
只為途中與你相見

這一首詩朱哲琴在她的《央金瑪》專輯中同樣也演唱過，歌曲名為《信徒》，更是迥然不同的另一種風格，顯然她並不適合唱這首詩歌。

我更喜歡那個藏族青年歌手用藏語演繹倉央嘉措另外一首詩歌：「……常想活佛面孔，從不展現眼前，沒想情人容顏，時時映在心中。住在布達拉宮，我是持明倉央嘉措。住在山下拉薩，我是浪子宕桑旺波」。他是聲音如同天籟之音那樣純淨，只是感覺太過悲情，有種直擊心底的心疼讓人無法阻擋。

世人傳誦吟唱他的情詩，疼痛他莫測多厄的命運和糾結跌宕的情感，感動於那文字中流露著他內心的高潔和虔誠。而卻用特力獨行的入世方式，向世人展示自己內心深處出世的精神世界。尤其是

〈我問佛〉這首詩，具有深刻的佛教哲理，他如同佈道者一樣默默地傳遞著自己參悟的思想：

> 我問佛：為何不給所有女子羞花閉月的容顏？
> 佛曰：那只是曇花的一現，用來蒙蔽世俗的眼
> 沒有什麼美可以抵過一顆純淨仁愛的心
> 我把它賜給每一個女子
> 可有人讓它蒙上了灰

> 我問佛：世間為何有那麼多遺憾？
> 佛曰：這是一個婆娑世界，婆娑即遺憾
> 沒有遺憾，給你再多幸福也不會體會快樂

> 我問佛：如何讓人們的心不再感到孤單？
> 佛曰：每一顆心生來就是孤單而殘缺的
> 多數帶著這種殘缺度過一生
> 只因與能使它圓滿的另一半相遇時
> 不是疏忽錯過，就是已失去了擁有它的資格

> 我問佛：如果遇到了可以愛的人，卻又怕不能把握該怎麼辦？
> 佛曰：留人間多少愛，迎浮世千重變
> 和有情人，做快樂事

別問是劫是緣

我問佛：如何才能如你般睿智？

佛曰：佛是過來人，人是未來佛佛把世間萬物分為十界：佛，
菩薩，聲聞，緣覺，天，阿修羅，人，畜生，餓鬼，地獄。
天，阿修羅，人，畜生，餓鬼，地獄，為六道眾生
六道眾生要經歷因果輪迴，從中體驗痛苦。
在體驗痛苦的過程中，只有參透生命的真諦，才能得到永生。
鳳凰，涅盤

佛曰，人生有八苦：生，老，病，死，愛別離，怨長久，求
不得，放不下。
佛曰：命由己造，相由心生，世間萬物皆是化相，心不動，
萬物皆不動，心不變，萬物皆不變。
佛曰：坐亦禪，行亦禪，一花一世界，一葉一如來，春來花
自青，秋至葉飄零，無窮般若心自在，語默動靜體自然。

佛說：萬法皆生，皆係緣份，偶然的相遇，暮然的回首，註
定彼此的一生，只為眼光交彙的剎那。
緣起即滅，緣生已空。

我也曾如你般天真
佛門中說一個人悟道有三階段：「勘破、放下、自在。」

的確，一個人必須要放下，才能得到自在。

我問佛：為什麼總是在我悲傷的時候下雪
佛說：冬天就要過去，留點記憶

我問佛：為什麼每次下雪都是我不在意的夜晚
佛說：不經意的時候人們總會錯過很多真正的美麗

我問佛：那過幾天還下不下雪
佛說：不要只盯著這個季節，錯過了今冬

　　一直一直以來，我不斷地搜集關於倉央嘉措的資料，直到有天我無意中發現有人將這首詩續了下闋，我依舊被深深地感動了，沒想到還有癡迷到如此地步的人，竟然可以把詩寫得是那樣入情：

這一世
我超脫靈魂的羈絆
轉世輪迴
只為再度與你相戀

這一年
我尋遍萬水千山
驀然回首

卻已是滄海桑田

這一月
我掃盡菩提落葉
不為續佛緣
只為斷了癡念

這一日
我埋葬前塵往事
再修梵行
奈何我心，已亂了千年

如今西藏地區流傳的一首民歌：「莫怪活佛倉央嘉措，風流浪蕩；他想要的，和凡人沒什麼兩樣。」這個絕世活佛，在其不長的一生中，給我們演繹了一場浸透著蒼涼、溫暖、絕望而又盪氣迴腸的愛情。

三

一個在去世後的幾百年中，所有藏族人熱愛並崇拜的人。

一個如陽光般的少年活佛，是註定了要與日月同輝的人。

一個隻看一眼他的文字，卻讓人扼腕歎息百轉千迴的人。

這便是六世達賴喇嘛倉央嘉措，他如同煙花般在西域上空綻放出絢爛的光芒。

我無法想像一個出家人竟然可以寫出這樣纏綿悱惻的詩，更不會想到他筆下會流淌出像「住進布達拉宮，我是雪域最大的王。流

浪在拉薩街頭，我是世間最美的情郎」如此這般浪漫奔放的詩句。然而我仔細一想，又有什麼不可以呢？他也是一個如同你我一樣有著七情六欲的普通人，只不過命運不湊巧地把他推上了那個至高無上的位置而已。

當愛來臨的時候，他也不過是世間的一個凡夫俗子而已，一樣會為愛癡狂，而他內心或許並沒有忘記自己還有著另外一種身份，所以他只好將愛寫進詩裏，讓後人看見自己的內心是那樣的痛徹肺腑，是那樣的矛盾，是那樣的無奈。

其實在很多的時候，上天對每個人都是公平的。自古才子佳人多薄命，那些生來比別人能力強的人註定是要經受痛苦的煎熬和折磨；而倉央嘉措又何嘗不是呢？古往今來這樣的例子比比皆是，有著和倉央嘉措相似命運的人如唐後主李煜和南宋皇帝趙佶，最後都成了政治和權利的犧牲品。

而身為六世達賴喇嘛的倉央嘉措，他內心的歡樂和悲苦別人無法想像，可這無不與他的取捨緊緊相連。但無論他怎麼做取捨，他的人生註定無法圓滿。即便他擁有如此之高的位置，依舊要為自己所做出的取捨付出沉重的代價。正如後人感歎：如此高貴的地位，卻換不來簡單的愛情。

我以為，塵世間最遙遠的距離，不是我在你面前，你卻不知道我愛你，而是明明相愛，卻不能夠在一起。

而這種痛苦的煎熬和折磨，不是其中人，怎知其中味？

三百多年前，這位年輕多情的詩人，面對對自己那身不由己的處境，痛苦地寫下這充滿矛盾的詩句：

> 曾慮多情損梵行，
> 入山又恐別傾城。

世間安得雙全法，

不負如來不負卿！

或許正是這種掙扎與矛盾最終奪走了詩人的生命，可對於詩人而言，死亡的那一刻終於可以逃脫內心的掙扎和痛苦，獲得永遠的平靜。

或許上天不願再讓倉央嘉措遭受痛苦的煎熬，抑或是他太過才華橫溢引得上天都嫉妒，所以上天早早地把他召喚到天堂去了吧。

很多時候，從此生死兩茫茫，也不見得不好，於此便斷了心念。或許這樣就再也沒有痛苦了，至少對於倉央嘉措是這樣，也算是解脫了。我想。

國家圖書館出版品預行編目

這個世界還有愛嗎?：那些才子佳人的愛恨情愁
 / 田涯著. -- 一版. -- 臺北市：秀威資訊科技,
 2009.11
　　面；　　公分. -- (語言文學類；PG0296)
 BOD 版
 ISBN 978-986-221-340-7 (平裝)

 1.作家　2.傳記　3.中國文學

 782.24　　　　　　　　　　　98020540

語言文學類　PG0296

這個世界還有愛嗎？
──那些才子佳人的愛恨情愁

作　　者 / 田　涯
主　　編 / 蔡登山
發 行 人 / 宋政坤
執行編輯 / 胡珮蘭
圖文排版 / 鄭鉅旻
封面設計 / 蕭玉蘋
數位轉譯 / 徐真玉　沈裕閔
圖書銷售 / 林怡君
法律顧問 / 毛國樑　律師
出版印製 / 秀威資訊科技股份有限公司
　　　　　台北市內湖區瑞光路 583 巷 25 號 1 樓
　　　　　電話：02-2657-9211　　　傳真：02-2657-9106
　　　　　E-mail：service@showwe.com.tw
經 銷 商 / 紅螞蟻圖書有限公司
　　　　　台北市內湖區舊宗路二段 121 巷 28、32 號 4 樓
　　　　　電話：02-2795-3656　　　傳真：02-2795-4100
　　　　　http://www.e-redant.com

2009 年 11 月 BOD 一版
定價：250 元

讀 者 回 函 卡

感謝您購買本書，為提升服務品質，煩請填寫以下問卷，收到您的寶貴意見後，我們會仔細收藏記錄並回贈紀念品，謝謝！

1. 您購買的書名：_____

2. 您從何得知本書的消息？

　　☐網路書店　☐部落格　☐資料庫搜尋　☐書訊　☐電子報　☐書店

　　☐平面媒體　☐ 朋友推薦　☐網站推薦　☐其他_____

3. 您對本書的評價：(請填代號　1.非常滿意 2.滿意 3.尚可 4.再改進)

　　封面設計____　版面編排____　內容____　文/譯筆____　價格____

4. 讀完書後您覺得：

　　☐很有收獲　☐有收獲　☐收獲不多　☐沒收獲

5. 您會推薦本書給朋友嗎？

　　☐會　☐不會，為什麼？_____

6. 其他寶貴的意見：_____

_____

_____

_____

讀者基本資料

姓名：_____　年齡：_____　性別：☐女 ☐男

聯絡電話：_____　E-mail：_____

地址：_____

學歷：☐高中(含)以下　　☐高中　　☐專科學校　　☐大學

　　　☐研究所(含)以上 ☐其他_____

職業：☐製造業 ☐金融業 ☐資訊業 ☐軍警 ☐傳播業 ☐自由業

　　　☐服務業 ☐公務員 ☐教職　☐學生 ☐其他_____

To：114

台北市內湖區瑞光路 583 巷 25 號 1 樓

秀威資訊科技股份有限公司　　　收

寄件人姓名：

寄件人地址：□□□

(請沿線對摺寄回,謝謝!)

秀威與 BOD

BOD（Books On Demand）是數位出版的大趨勢，秀威資訊率先運用 POD 數位印刷設備來生產書籍，並提供作者全程數位出版服務，致使書籍產銷零庫存，知識傳承不絕版，目前已開闢以下書系：

一、BOD　學術著作—專業論述的閱讀延伸
二、BOD　個人著作—分享生命的心路歷程
三、BOD　旅遊著作—個人深度旅遊文學創作
四、BOD　大陸學者—大陸專業學者學術出版
五、POD　獨家經銷—數位產製的代發行書籍

BOD 秀威網路書店：www.showwe.com.tw
政府出版品網路書店：www.govbooks.com.tw

永不絕版的故事・自己寫・永不休止的音符・自己唱